AF270710

日本語能力試験問題集

The Workbook for the Japanese Language Proficiency Test

N2 語彙 スピードマスター

Quick Mastery of N2 Vocabulary
N2 词汇 快速掌握
N2 어휘 스피드 마스터

森本智子・高橋尚子・松本知恵　共著

模擬試験（3回）付き

英・中・韓の部分訳付き

Jリサーチ出版

はじめに

　日本語能力試験は2010年に改定され、「コミュニケーションを重視」した試験になりました。N2では「日常的な場面で使われる日本語の理解に加え、より幅広い場面で使われる日本語をある程度理解する」ことが求められています。コミュニケーションを図るためには、「読む・書く・聞く・話す」の4技能の総合的な能力が必要となりますが、語彙力はその基礎となるものです。

　言葉の学習では、単に一つ一つの言葉の意味を覚えるだけでなく、その使い方や他の言葉との関連性を踏まえ、言葉のネットワークを構築することが重要だと考えます。そのため本書では、大小のテーマを設定し、言葉の整理をしながら、効率良く語彙を増やせるよう工夫しました。また、実際のコミュニケーションですぐに活用できるよう、現実的な会話場面を想定し、日常生活に加え、新聞やテレビのニュースなどで扱われる一般的な話題に沿った語彙や表現を選定しました。

　本書を使った学習を通して、皆さんが日本語能力試験N2に合格すること、また本書が皆さんの日本語力の向上に役立つことを願っています。

著者一同

もくじ
Contents／目录／목차

●目的：日本語を母語としない人を対象に、日本語能力を測定し、認定すること。
　　　　※課題遂行のための言語コミュニケーション能力を測ることを重視。
●試験日：年2回（7月、12月の初旬の日曜日）
●レベル：N5（最もやさしい）→　N1（最もむずかしい）

N1：幅広い場面で使われる日本語を理解することができる。
N2：日常的な場面で使われる日本語の理解に加え、より幅広い場面で使われる日本語を
　　ある程度理解することができる。
N3：日常的な場面で使われる日本語をある程度理解することができる。
N4：基本的な日本語を理解することができる。
N5：基本的な日本語をある程度理解することができる。

レベル	試験科目	時間	得点区分	得点の範囲
N1	言語知識（文字・語彙・文法）・読解	110分	言語知識（文字・語彙・文法）	0～60点
			読解	0～60点
	聴解	55分	聴解	0～60点
N2	言語知識（文字・語彙・文法）・読解	105分	言語知識（文字・語彙・文法）	0～60点
			読解	0～60点
	聴解	50分	聴解	0～60点
N3	言語知識（文字・語彙）	30分	言語知識（文字・語彙・文法）	0～60点
	言語知識（文法）・読解	70分	読解	0～60点
	聴解	40分	聴解	0～60点
N4	言語知識（文字・語彙）	25分	言語知識（文字・語彙・文法）・読解	0～120点
	言語知識（文法）・読解	55分		
	聴解	35分	聴解	0～60点
N5	言語知識（文字・語彙）	20分	言語知識（文字・語彙・文法）・読解	0～120点
	言語知識（文法）・読解	40分		
	聴解	30分	聴解	0～60点

※N1・N2の科目は2科目、N3・N4・N5は3科目

●認定の目安：「読む」「聞く」という言語行動でN5からN1まで表している。
●合格・不合格：「総合得点」と各得点区分の「基準点（少なくとも、これ以上が必要という得点）」
　　　　　　　　で判定する。

☞くわしくは、日本語能力試験のホームページ〈https://www.jlpt.jp/〉を参照してください。

日常的な場面で使われる日本語の理解に加え、より幅広い場面で使われる日本語をある程度理解することができる。

	N2のレベル
読む	○ 幅広い話題について書かれた新聞や雑誌の記事・解説、易しい評論など、論旨が分かりやすい文章を読んで文章の内容を理解することができる。 ○ 一般的な話題に関する読み物を読んで、話の流れや言いたいことを理解することができる。
聞く	○ 日常的な場面に加えて幅広い場面で、自然に近いスピードの、まとまりのある会話やニュースを聞いて、話の流れや内容、登場人物の関係を理解したり、言いたいことを理解したりすることができる。

語彙問題の内容

	大問 ※1・2は漢字、7〜9は文法、10〜14は読解問題		小問数	ねらい
言語知識・読解	3	語形成 ◇	5	派生語や複合語の知識を問う
	4	文脈規定 ○	7	文脈によって意味的に規定される語が何であるかを問う
	5	言い換え類義 ○	5	出題される語や表現と同じような意味を持つものを問う
	6	用法 ○	5	出題語が文の中でどのように使われるのかを問う

◇以前の試験の問題形式を引き継いでいるが、形式に部分的な変更があるもの
○以前の試験でも出題されていたもの

※小問の数は変更される場合もあります。

この本の使い方（ほん　つか）

◆PART 1「新しい言葉を覚えよう」では、N2レベルとして新たに学習する語を中心に取り上げ、大小のテーマでまとめながら提示しています。ほかの語との共通点や違い、使い方なども考えながら、覚えていきましょう。

◆ In part 1, "Let's memorize new words", new vocabulary words learned as N2 level are taken up, and they are presented concisely in both big and small theme. Understand common or different points and usage in other vocabulary words, and memorize them.

◆ 在第一部分"记忆新单词"中,以日语二级能力考试中出现的新单词为中心,在大小的主题中总结出来,并给大家一定提示。一边思考与其他单词的共同点和相异点以及使用方式,一般记住单词。

◆ PART 1 "새 단어를 외우자"에서는 N2수준으로 새로 학습하는 단어를 중심으로 들어 대소 주제로 정리하면서 제시해 갑니다. 다른 단어와 공통점이나 차이, 사용법 등을 생각하면서 외워갑시다.

学習対象として取り上げた語句を太く表示しています。

Vocabulary words taken up as target learning words are written in boldface.

我们需要学习的语句是粗字体表示出来的。

학습 대상으로 든 어구를 굵게 표시합니다.

参考として、関連のある語を示しています。

As a reference, related words are listed.n .

作为参考,表示出相关的词语。

참고로 관련이 있는 단어를 표시하고 있습니다.

3 お金（かね）
money／金钱／돈

●お金・銀行（かね　ぎんこう）　money, bank／金钱·银行／돈 은행

紙幣（しへい）	paper money／紙币／지폐
硬貨（こうか）	coin／硬币／동전
金銭（きんせん）	money／金钱／금전
収入（しゅうにゅう）	income／收入／수입
⇔支出（ししゅつ）	expenditure／支出／지출
銀行口座（こうざ）	bank account／银行账户／은행구좌
預金（する）（よきん）	deposit／存钱／예금
領収書（りょうしゅうしょ）	receipt／收据、收条／영수증
請求書（せいきゅう）	bill／账单／청구서
～金（きん）	~fee/money／～金／~금
▶税金（ぜい）	tax／税金／세금
▶料金（りょう）	fee, charge／费用／요금
▶奨学金（しょうがく）	scholarship／奖学金／장학금

●売る（う）　to sell／卖／팔다

売り切れる（う　き）	to be sold out／全部售完／매진되다
▶売り切れ	sellout／售光／매진
売り上げ〔売上〕（あ）	sales／销售金额／매상
売れ行き（ゆ）	sales／销路／팔리는 상태

●取引（する）（とりひき）　deal／交易、贸易／거래하다

黒字（くろじ）	surplus, in the black／盈余／흑자
赤字（あか）	deficit, in the red／支出多于收入／적자
円高（えんだか）	strong yen／日元升值／엔고
円安（やす）	weak yen／日元贬值／엔화가 쌈

（右段）

為替（かわせ）	foreign exchange／汇兑、汇款／환
請求（する）（せいきゅう）	invoicing／请求、索取／청구
値上がり（する）（ねあ）	price increase／价格上涨／가격 인상
商売（しょうばい）	business, trade／买卖、生意／장사
取引先（とりひきさき）	customer, client／交易方／거래처

●支払う（しはら）　to pay／支付／지급하다

支払い（しはら）	payment／支付／지급
納める（おさ）	to pay／缴纳／납부하다
例：税金/家賃/授業料を納める（れい　ぜいきん　やちん　じゅぎょうりょう）	
会計（する）（かいけい）	accounting／会计／회계
寄付（する）（きふ）	contribution, donation／捐助／기부
節約（する）（せつやく）	economizing, saving／节约／절약
消費（する）（しょうひ）	consumption／消费／소비
例：消費者、消費税（しゃ）	
割り勘（わ　かん）	splitting the bill／平摊、均摊／각자 내기

●稼ぐ（かせ）　to make money／挣钱／벌다

稼ぎ（かせ）	income／劳动所得、收入／벌이
儲け（もう）	profit／赚钱、获利／이익
▶儲ける	to gain／赚钱、发财·得利／벌다
▶儲かる	to make a profit／赚钱／벌리다
給料〔給与〕（きゅうりょう　よ）	salary／工资／급료
手当（てあて）	allowance／津贴／수당
※給料に加えて支払われるもの（例：住宅手当、家族手当）。（くわ　しはら　じゅうたく　かぞく）	
ボーナス	bonus／奖金／보너스

〔　〕同じ意味の言葉（おな　いみ　ことば）
Words with the same meaning
同义词／같은 의미의 말

例：書店〔本屋〕（れい　しょてん　ほんや）

⇔ 反対の意味の言葉（はんたい　いみ　ことば）
Words with the opposite meaning
反义词／반대 의미의 말

◆PART１で６回、実戦形式の練習問題をして復習をします。そして最後に、模擬試験（３回）で実力をチェックします。

◆ In part 1, you will do the practical exercises three times and review the lesson. Finally, you will take mock tests three times and check your ability.

◆ 在第一部分中，采取三次实战方式的进行问题的练习和复习。最后，在模拟考试(三次)中检查大家的日语实力。

◆ PART 1 에서 3 회, 실전형식의 연습문제로 복습을 합니다. 그리고 마지막으로 모의시험(3 회)으로 실력을 체크합니다.

---

03 **例文**

① 「新商品の売れ行きはどうですか」「はい、おかげさまで、少しずつ売上が伸びています」
②〈学校で〉「新しいテレビ、買ったんですか」「いいえ、卒業生が寄付してくれたんです」
③「最近、円高だね」「うん、輸出産業は経営に影響が出るだろうね」
④「カードを作りたいんですが」「かしこまりました。銀行の預金通帳と印鑑をお持ちでしょうか」
⑤毎年、一年の初めに取引先を回って挨拶をします。

3 お金

会話を中心にした例文で、実際の使い方を紹介しています。

Practical usage is introduced in mainly conversational example sentences.

在以会话为中心的例句中，介绍了实际的使用方法。

회화를 중심으로 한 예문으로 실제 사용법을 소개하고 있습니다.

ドリル

１）a、bのうち、正しいほうを一つ選びなさい。

①車を買うときの(a. 支払い　b. 割り勘) 方法はいくつかあります。
②買い物するときは、(a. 料金　b. 税金) もいっしょに払っている。
③売上も前年より少し伸び、会社は(a. 収入　b. 黒字) 経営が続いている。
④電話会社からの(a. 請求書　b. 領収書) を見たら、前の月の倍になっていて、びっくりした。
⑤このレストランでは、レジじゃなく、席で(a. 会計　b. 集金) するシステムになっている。

２）つぎの（　　）に合うものをa～eの中から一つ選びなさい。

①セールに行ったけど、私がほしかった服は（　　）いた。
②この店は（　　）いるようで、また新しい店を出すらしい。
③この数年、ガソリン代が（　　）いる。
④授業が始まる前に、学費を（　　）ください。

| a. 儲かって | b. 稼いで | c. 売り切れて | d. 値上がりして | e. 納めて |

03 付属の音声については、この本の最後にダウンロードの案内があります（→黄色いページ）。

For the included audio, download instructions can be found at the end of this book (→ yellow page).

附带的音频，在本书末尾有下载说明(→黄色的那一页)。

이 책의 마지막 부분에 음성 파일 다운로드의 안내가 있습니다 (→노란색 페이지).

３）つぎの（　　）に合うものをa～eの中から一つ選びなさい。

①今日は（　　）日なので、銀行が込んでいるだろう。
②私達は毎日の生活で、電気を大量に（　　）している。
③旅行にいくために、生活費を（　　）して、毎月貯金をしている。
④昨日、ボーナスが銀行（　　）に振り込まれていた。

| a. 給料 | b. 取引先 | c. 口座 | d. 消費 | e. 節約 |

最後にドリルをして、意味や使い方をもう一度確認します。

Finally, do the exercises and check the meaning or usage one more time.

最后，进行练习，再一次确认意思和使用方式。

마지막으로 드릴을 풀어 의미나 사용법을 다시 한번 확인합니다.

★漢字かひらがなか、などの表記については、固定せず、ある程度柔軟に扱っています。

We have been somewhat flexible in our choice of kanji or hiragana for the transcription of words in this text.

对于是汉字还是平假名的表示方法并没有固定，而是在一定程度上采取了灵活的处理方式。

한자인지 히라가나인지 등의 표기에 대해서는 고정하지 않고 유연하개 취급하고 있습니다.

次の文の（　　　　　　）に入れるのに最もよいものを、1・2・3・4から一つ選びなさい。

第1回　　「N3 語彙スピードマスター」UNIT1-30参照

1　昨日、駅で木村さんを（　　　　　）。
　　1　会った　　　　2　見物した　　　3　のぞいた　　　4　見かけた

2　お客様、こちらでお召し上がりですか、お（　　　　　）ですか。
　　1　持ち帰り　　　2　持ち出し　　　3　持ち歩き　　　4　持ち運び

3　あの店の料理は味が（　　　　　）辛いものが多い。
　　1　きびしくて　　　2　つらくて　　　3　多くて　　　4　こくて

4　明日からの旅行の準備が（　　　　　）終わった。
　　1　たぶん　　　2　ほぼ　　　3　ずつ　　　4　以内

5　これは3週間前に買った牛乳だから、もう（　　　　　）いる。
　　1　かたくなって　　　2　よごれて　　　3　くさって　　　4　くるしんで

6　弟は子供のころ（　　　　　）かったが、大きくなったら積極的な性格になった。
　　1　おとなし　　　2　きびし　　　3　くやし　　　4　やさし

7　昔の列車は、石炭が主な（　　　　　）だった。
　　1　材料　　　2　資料　　　3　燃料　　　4　給料

8　今、かぜをひいているので、食欲が（　　　　　）。
　　1　小さい　　　2　ない　　　3　うすい　　　4　よわい

9　買い物に行ったとき、食器を洗う（　　　　　）を買って来て。
　　1　セロハンテープ　　　2　スポンジ　　　3　ビニール　　　4　リモコン

10　最近、水玉（　　　　　）の服が流行っている。
　　1　無地　　　2　地味　　　3　絵　　　4　模様

第2回　　　「N3 語彙スピードマスター」UNIT1-30参照

1　この映画館は、週末は若者が多いが、平日は（　　　　　　）の人のほうが多い。
　　1　年配　　　　2　先輩　　　　3　成人　　　　4　青年
　　　ねんぱい　　　せんぱい

2　すみません、細かいお金がないので千円を（　　　　　）もらえませんか。
　　1　切って　　　2　壊して　　　3　崩して　　　4　割って
　　　　　　　　　　こわ　　　　　くず

3　高校生の時は毎日（　　　　　）な生活だったので、大学では変わったことをしたい。
　　1　天然　　　　2　素直　　　　3　正直　　　　4　平凡
　　　てんねん　　　すなお　　　　しょうじき　　へいぼん

4　あの美術館は海のそばにあるので、夕日が（　　　　　）のがよく見える。
　　1　消える　　　2　入る　　　　3　沈む　　　　4　隠れる
　　　　　　　　　　　　　　　　　　しず　　　　　かく

5　（　　　　　）をけがしてしまい、痛くて歩けない。
　　1　ひじ　　　2　ほお　　　3　かた　　　4　ひざ

6　年末の大掃除では、窓や壁を（　　　　　）、そのあと、いつもはしないところも
　　かべ
掃除する。
　　1　ほして　　　2　ふいて　　　3　捨てて　　　4　かたづけて

7　この試験では、2時間で100問の問題を（　　　　　）なければならない。
　　1　出さ　　　2　見つけ　　　3　解か　　　4　開か
　　　　　　　　　　　　　　　　　と

8　バーゲンに行ったら、すべての商品が50%（　　　　　）になっていた。
　　1　オフ　　　2　コイン　　　3　サービス　　　4　キャッシュ

9　今年の夏はとても暑く、少し外を歩いただけで、すぐに汗を（　　　　　）しまう。
　　あせ
　　1　して　　　2　つけて　　　3　出して　　　4　かいて

10　昨日は引っ越しで重い荷物もをたくさん運んだので、今日は腕が（　　　　　）。
　　　　　　こ　　　　　にもつ　　　　　　　　　　　　　　うで
　　1　ゆるい　　　2　だるい　　　3　やわらかい　　　4　うすい

第3回　　　　「N3 語彙スピードマスター」UNIT1-30参照

1 申込書はこちらの（　　　　　　）に送ってください。
　　1　行き先　　　2　あて先　　　3　経由　　　4　便り

2 この部屋は、真ん中に（　　　　　）があるので使いにくい。
　　1　廊下　　　2　天井　　　3　柱　　　4　床

3 彼は子供のときからの夢が（　　　　　）、サッカー選手になることができた。
　　1　とどいて　　　2　かなって　　　3　さいて　　　4　ふえて

4 花の写真を撮りに公園に行ったら、もう（　　　　）いた。
　　1　おれて　　　2　なくなって　　　3　きえて　　　4　かれて

5 私の友だちはスタイルがいいので、（　　　　　）。
　　1　なつかしい　　　2　おかしい　　　3　やさしい　　　4　うらやましい

6 学生の間に、さまざまな知識を身に（　　　　）おいたほうがいい。
　　1　つけて　　　2　おいて　　　3　持って　　　4　入れて

7 （　　　　　）が止まっている。何か事件でもあったのかな。
　　1　メンバー　　　2　ディナー　　　3　パトカー　　　4　スニーカー

8 （　　　　　）が近づいているので、早く論文を完成させなければならない。
　　1　締め切り　　　2　返信　　　3　受け取り　　　4　集まり

9 今日は雨だったので、洗濯物を干したがまだ（　　　　）いる。
　　1　乾いて　　　2　汚れて　　　3　温まって　　　4　湿って

10 彼女は（　　　　）なので、いつも自分の好きなとおりにしようとする。
　　1　ばか　　　2　のんき　　　3　わがまま　　　4　陽気

第4回　　「N3 語彙スピードマスター」UNIT31-45参照

1　科学雑誌に載っていた論文の中に、（　　　　　）データがありました。
　　1　なつかしい　　　2　激しい　　　3　興味深い　　　4　ぜいたくな

2　「半年前からジョギングを続けてるんだ」「すごいね。（　　　　　）やせたんじゃない？」
　　1　だいぶ　　　2　たいてい　　　3　たまに　　　4　なるべく

3　「お客さん、どこで降りますか」「あのスーパーの（　　　　　）で止めてください」
　　1　底　　　2　突きあたり　　　3　周り　　　4　手前

4　「田中さんのご主人って、いつも（　　　　　）してるね」「うん、やさしそうだよね」
　　1　ぺらぺら　　　2　にこにこ　　　3　ぺこぺこ　　　4　ごくごく

5　新しいふとんが気持ちよくて、ゆうべは（　　　　　）眠れました。
　　1　すっかり　　　2　ぐっすり　　　3　はっきり　　　4　ぴったり

6　「彼女のお父さんに会うの？」「うん。すごく怖い人らしくて、今から（　　　　　）してる」
　　1　どきどき　　　2　わくわく　　　3　ぼろぼろ　　　4　いらいら

7　車を運転していたら、急に子供が道に飛び（　　　　　）きて、びっくりした。
　　1　きって　　　2　出して　　　3　上がって　　　4　始めて

8　「ねえ、それ、私にも貸して」「もうすぐ（　　　　　）から、もうちょっと待って」
　　1　見落とす　　　2　追いつく　　　3　使い切る　　　4　読み終わる

9　今から来週の予定を説明しますから、メモを（　　　　　）聞いてください。
　　1　入れながら　　　2　とりながら　　　3　かけながら　　　4　出しながら

10　親が仕事で忙しかったので、私が妹の面倒を（　　　　　）いました。
　　1　見て　　　2　立てて　　　3　乗って　　　4　聞いて

1　うちの娘が結婚するのを（　　　　　）しただけで、涙が出そうだ。

　　　1　反省　　　　2　がまん　　　　3　想像　　　　4　尊敬
　　　　　はんせい　　　　　　　　　　　　　そうぞう　　　　　そんけい

2　「コンサート、どうだった？」「うん、すごくよかった。終わったあと、（　　　　　）
　　が5分以上は続いたよ」

　　　1　拍手　　　　2　協力　　　　3　握手　　　　4　応援
　　　　　はくしゅ　　　　きょうりょく　　　あくしゅ　　　おうえん

3　梅雨に雨があまり降らなかったせいで、水が（　　　　　）している。
　　　つゆ

　　　1　完成　　　　2　延期　　　　3　不足　　　　4　故障
　　　　　かんせい　　　　えんき　　　　　　　　　　　　こしょう

4　この申込書に、名前を（　　　　　）してください。
　　　　もうしこみしょ

　　　1　登録　　　　2　記入　　　　3　計画　　　　4　決定
　　　　　とうろく　　　　きにゅう　　　　　　　　　　　けってい

5　昨日買ったコップ、汚れていたんですけど……。別のものと（　　　　　）しても
　　らえませんか

　　　1　修正　　　　2　交換　　　　3　確認　　　　4　修理
　　　　　しゅうせい　　　こうかん　　　かくにん　　　しゅうり

6　小学生のころはまじめに勉強していたので、クラスでいつも（　　　　　）でした。

　　　1　トップ　　　　2　ラスト　　　　3　アップ　　　　4　ダウン

7　〈電話で〉「電車が来ないんですか」「ええ。さっき聞いた駅の（　　　　　）によると、
　　事故があったそうです」
　　　じこ

　　　1　インタビュー　　　2　セルフサービス　　　3　アナウンス　　　4　チェックイン

8　「田中さんに赤ちゃんが生まれらしいよ」「彼のうれしそうな顔が（　　　　　）ね」

　　　1　気に入る　　　　2　目に浮かぶ　　　　3　腹が立つ　　　　4　耳にする
　　　　　　　　　　　　　　　　う　　　　　　　　　はら

9　「昨日のドラマ、見た？」「うん。来週が楽しみ。早く（　　　　　）が見たいね」

　　　1　知らせ　　　　2　考え　　　　3　動き　　　　4　続き

10　何かお困りのことがありましたら、お近くの係（　　　　　）におたずねください。
　　　　　　　　　　　　　　　　　　　　　　　　　　かかり

　　　1　家　　　　2　者　　　　3　師　　　　4　員
　　　　　　　　　　　　　　　　　　し

PART **1**

新しい言葉を覚えよう

あたら　　　　こと　ば　　　おぼ

Memorizing new words

记新单词

새 단어를 외우자

1 時間
じかん
time／时间、时刻／시간

●年　year／年／년
とし／ねん

祝日　holiday／节假日／국경일
しゅくじつ

祭日＝国の行事が行われる日。「祝日」とあまり区別
さいじつ　くに　ぎょうじ　おこな　ひ
されずに使われている。
つか

休日　holiday／休息日／휴일
きゅうじつ

西暦　the Christian era／阳历／서력
せいれき

元旦＝1月1日の朝
がんたん　がつついたち　あさ

元日＝1月1日のこと
がんじつ

●月　month／月／월
つき／げつ／がつ

上旬〔初旬〕　first ten days of month／上旬／상순
じょうじゅん　しょじゅん

▶**中旬**　middle of month／中旬／중순
ちゅうじゅん

▶**下旬**　last ten days of month／下旬／하순
げじゅん

月末　the end of the month／月末／월말
げつまつ

●週　week／周／주
しゅう

平日　weekday／平时／평일
へいじつ

あさって（明後日）　the day after tomorrow／后天／모레
みょうごにち

しあさって　two days after tomorrow／大后天／글피

●一日　a day／一天／일일
いちにち

日中　In the daytime／白天／낮동안
にっちゅう

夜中　Midnight／深夜／한밤중
よなか

●時　time／时间、时刻／시
とき

一時　temporarily／一时、一会儿／일시
いちじ

一瞬　moment, instant／一瞬、一刹那／일순
いっしゅん

瞬間　instant／瞬间／순간
かん

後日　in the near future／日后、事后／후일
ごじつ

早速　immediately, at once／马上、立刻／곧
さっそく

事前に　in advance／事前／사전에
じぜん

近頃　nowadays／近来、近日／요즈음
ちかごろ

近々　soon／最近、不久／머잖아
ちか

ついに　finally／终于／마침내

常に　always, constantly／经常／항상
つね

同時　at the same time／同时／동시
どうじ

〜た途端　as soon as 〜／正好那时。刚一・・・时／〜한 순
とたん
간

間もなく　in a few moments／不久、一会儿／곧
ま

●スケジュール　schedule／日程表／스케줄

日程　schedule／日程／일정
にってい

年中　the whole year／整年、一年间／연중
ねんじゅう

日付　date／日期／날짜
ひづけ

日時　date and time／日期与时刻／일시
にちじ

時期　period／时期／시기
じき

●その他　other／其它／그 밖
た

当時　in those days／当时／당시
とうじ

当日　on that day／当天／당일
じつ

今回　this time／这次／이번
こんかい

今日　today／今天／오늘
こんにち

日常　every day／日常／일상
にちじょう

01 例 文（れい ぶん）

①「お父さん、最近ますます太ってきたね」「そうね。出会った**当時**は、もっとやせてたんだけどね」

②「新製品はいつごろ発売されるんですか」「来月の**上旬**ごろだと思います」

③「トマトって、夏の野菜なの？」「ほんとはね。でも、今は**年中**、スーパーで買うことができるけど」

④こういう大型のゴミを捨てる場合は、**事前**に申し込みが必要なんです。

⑤コンサートの**日時**が変更になりましたので、ホームページでご確認ください。

ドリル

1）a、bのうち、正しいほうを一つ選びなさい。

①彼女に初めて会った（a. 瞬間　　b. 一瞬）、この人とは友だちになれそうだと思った。

②結果がわかりましたら、（a. 後日　　b. 明後日）お知らせいたします。

③姉の結婚式（a. 祝日　　b. 当日）に熱を出してしまって、出席することができなかったんです。

④台風の影響で、（a. 一時　　b. 同時）、新幹線の運転が止まっていた。

⑤来週の会議の（a. 日中　　b. 日程）をお知らせします。

2）つぎの（　　）に合うものをa〜eの中から一つ選びなさい。

①毎年この（　　）は忙しくなりますね。

②昔は2日か3日からだったけど、最近は（　　）から営業を始める店が増えている。

③この絵には、完成した日の（　　）が書いてある。

④（　　）の豊かな生活は、人々の長年の努力によるものである。

a. 日付（ひづけ）	b. 今日（こんにち）	c. 元日（がんじつ）	d. 時期（じき）	e. 平日（へいじつ）

3）つぎの（　　）に合うものをa〜eの中から一つ選びなさい。

①（　　）、電車の中でパソコンを使っている人が増えている。

②新しい車を買ったので、（　　）、週末にドライブに行くことにした。

③2番線に、（　　）電車が到着いたします。白線の後ろまでおさがりください。

④あの人は、どんなときでも（　　）落ち着いている。

a. 間もなく（ま）	b. 早速（さっそく）	c. 近頃（ちかごろ）	d. 常に（つね）	e. 途端（とたん）

家
いえ
home／家／집

●家
いえ
home／家／집

食卓（しょくたく）	dining table／饭桌／식탁
洗面所（せんめんじょ）	bathroom／洗脸池／세면대
寝室（しんしつ）	bedroom／寝室／침실
ユニットバス	unit bathroom／整体浴室／유닛 바스
近所（きんじょ）	neighborhood／邻居／이웃
住宅（じゅうたく）	residence／住宅／주택
自宅（じ）	one's residence／自己家／자택

●家具・家電製品
かぐ　か でんせいひん
furniture, home appliances／家具・家电制品／가구 가전제품

電子レンジ（でんし）	microwave oven／微波炉／전자레인지
炊飯器（すいはんき）	rice cooker／电饭锅／밥솥
やかん	kettle／水壶／주전자
包丁（ほうちょう）	knife／菜刀／부엌칼

●部屋を借りる
へ　や　　か
to rent a room／租借房屋／방을 빌리다

不動産屋（ふどうさんや）	real esate agent／不动产商／부동산 중개업소
賃貸（ちんたい）	rent, lease／租赁／집을 세놓음
家賃（や）	rent／房租／집세
物件（ぶっけん）	property／房屋／물건
日当たり（ひあ）	sunlight／光线好／볕이 듦
間取り（まど）	layout／布局／방 배치
築10年（ちく　ねん）	10 year old／建好10年／건축 후 10년
南向き（みなみむ）	south-facing／朝南／남향
2LDK	2 bedrooms with living, dining and kitchen／带两个卧室一个厨房的房间／2LDK

5階建て（かいだ）	five-story／5层楼建筑／5 층 건물
エアコン付き（つ）	with air-conditioner／带空调／에어컨 딸림
最寄り（もよ）	nearest／最近的／가까운
徒歩10分（とほ　ぷん）	10 min walk／走路十分钟／도보 10분
大家（おおや）	landlord／房东／집주인
管理人（かんりにん）	manager, superintendent／管理人员／관리인
防犯カメラ（ぼうはん）	security camera／防盗摄像头／방범 카메라
ペット不可（ふか）	pets not allowed／不可饲养宠物／애완동물 불가

例　文（れい　ぶん）

①時間が合わないから、家族が全員食卓に集まるのは週末だけです。

②「あのー、猫は飼えますか」「すみません、このアパートはペット不可なんです」

③「家賃は振り込み？」「いえ、大家さんに毎月直接払っています」

④「お母さん、この指輪、洗面所に落ちてたよ」「ありがとう。さっきから探してたのよ」

⑤このマンションには、玄関とエレベーターに防犯カメラが付いている。

ドリル

1）a、bのうち、正しいほうを一つ選びなさい。

①（a. 食卓　　b. 洗面所）の上には、いつもこれらの調味料が置いてあります。

②「マンション、買ったんですか」「いえ、（a. 賃貸　　b. 家賃）です」

③〈店で〉では、商品はご（a. 自宅　　b. 住宅）にお送りすればよろしいでしょうか。

④「お弁当は（a. 炊飯器　　b. 電子レンジ）で温める？」「いや、このままでいいよ」

⑤そろそろ引越しをしたいので、週末、（a. 不動産屋　　b. 大家）に行くつもりです。

2）つぎの（　　　）に合うものをa〜eの中から一つ選びなさい。

①寒いのは苦手なので、（　　　）のいい部屋がいいです。

②いろんな（　　　）を見て回ったが、気に入った部屋がなかった。

③（　　　）のスーパーまで、歩いて15分もかかる。

④この部屋は私の好きな（　　　）ですが、家賃がちょっと高いですね。

a. 物件	b. 間取り	c. 日当たり	d. 防犯	e. 最寄り

3）つぎの（　　　）に合うものをa〜eの中から一つ選びなさい。

①（　　　）だから、きれいですよ。

②この部屋はバス停まで（　　　）なので、便利です。

③（　　　）の部屋なので、昼でも電気をつけないと暗いです。

④（　　　）の部屋を借りたので、ベッドもテーブルも買わずに済んだ。

a. 築3年	b. 徒歩1分	c. 3LDK	d. 北向き	e. 家具付き

3 お金（かね）

money ／ 金钱 ／ 돈

●お金・銀行（かね　ぎんこう）
money, bank ／ 金钱·银行 ／ 돈·은행

紙幣（しへい）	paper money ／ 纸币 ／ 지폐
硬貨（こうか）	coin ／ 硬币 ／ 동전
金銭（きんせん）	money ／ 金钱 ／ 금전
収入（しゅうにゅう）	income ／ 收入 ／ 수입
⇔支出（ししゅつ）	expenditure ／ 支出 ／ 지출
銀行口座（こうざ）	bank account ／ 银行账户 ／ 은행구좌
預金（する）（よきん）	deposit ／ 存钱 ／ 예금
領収書（りょうしゅうしょ）	receipt ／ 收据、收条 ／ 영수증
請求書（せいきゅう）	bill ／ 账单 ／ 청구서
～金（きん）	~fee/money ／ ～金 ／ ~금
▶税金（ぜい）	tax ／ 税金 ／ 세금
▶料金（りょう）	fee, charge ／ 费用 ／ 요금
▶奨学金（しょうがく）	scholarship ／ 奖学金 ／ 장학금

●売る（う）
to sell ／ 卖 ／ 팔다

売り切れる（う　き）	to be sold out ／ 全部售完 ／ 매진되다
▶売り切れ	sellout ／ 售光 ／ 매진
売り上げ〔売上〕（あ）	sales ／ 销售金额 ／ 매상
売れ行き（ゆ）	sales ／ 销路 ／ 팔리는 상태

●取引（する）（とりひき）
deal ／ 交易、贸易 ／ 거래하다

黒字（くろじ）	surplus, in the black ／ 盈余 ／ 흑자
赤字（あか）	deficit, in the red ／ 支出多于收入 ／ 적자
円高（えんだか）	strong yen ／ 日元升值 ／ 엔고
円安（やす）	weak yen ／ 日元贬值 ／ 엔화가 쌈

為替（かわせ）	foreign exchange ／ 汇兑、汇款 ／ 환
請求（する）（せいきゅう）	invoicing ／ 请求、索取 ／ 청구
値上がり（する）（ねあ）	price increase ／ 价格上涨 ／ 가격 인상
商売（しょうばい）	business, trade ／ 买卖、生意 ／ 장사
取引先（とりひきさき）	customer, client ／ 交易方 ／ 거래처

●支払う（しはら）
to pay ／ 支付 ／ 지급하다

支払い（しはら）	payment ／ 支付 ／ 지급
納める（おさ）	to pay ／ 缴纳 ／ 납부하다

　例：税金／家賃／授業料を納める（れい　ぜいきん　やちん　じゅぎょうりょう）

会計（する）（かいけい）	accounting ／ 会计 ／ 회계
寄付（する）（きふ）	contribution, donation ／ 捐助 ／ 기부
節約（する）（せつやく）	economizing, saving ／ 节约 ／ 절약
消費（する）（しょうひ）	consumption ／ 消费 ／ 소비

　例：消費者、消費税（しゃ）

割り勘（わ　かん）	splitting the bill ／ 平摊、均摊 ／ 각자 내기

●稼ぐ（かせ）
to make money ／ 挣钱 ／ 벌다

稼ぎ（かせ）	income ／ 劳动所得、收入 ／ 벌이
儲け（もう）	profit ／ 赚钱、获利 ／ 이익
▶儲ける	to gain ／ 赚钱、发财、得利 ／ 벌다
▶儲かる	to make a profit ／ 赚钱 ／ 벌리다
給料〔給与〕（きゅうりょう　よ）	salary ／ 工资 ／ 급료
手当（てあて）	allowance ／ 津贴 ／ 수당

　※給料に加えて支払われるもの（例：住宅手当、家族手当）。（くわ　しはら　れい　じゅうたく　かぞく）

ボーナス	bonus ／ 奖金 ／ 보너스

⌂03 例文

① 「新商品の**売れ行き**はどうですか」「はい、おかげさまで、少しずつ**売上**が伸びています」
② 〈学校で〉「新しいテレビ、買ったんですか」「いいえ、卒業生が**寄付**してくれたんです」
③ 「最近、**円高**だね」「うん、輸出産業は経営に影響が出るだろうね」
④ 「カードを作りたいんですが」「かしこまりました。銀行の**預金**通帳と印鑑をお持ちでしょうか」
⑤ 毎年、一年の初めに**取引先**を回って挨拶をします。

ドリル

1) a、b のうち、正しいほうを一つ選びなさい。

① 車を買うときの(a. 支払い　　b. 割り勘) 方法はいくつかあります。
② 買い物するときは、(a. 料金　　b. 税金) もいっしょに払っている。
③ 売上も前年より少し伸び、会社は(a. 収入　　b. 黒字) 経営が続いている。
④ 電話会社からの(a. 請求書　　b. 領収書) を見たら、前の月の倍になっていて、びっくりした。
⑤ このレストランでは、レジじゃなく、席で(a. 会計　　b. 集金) するシステムになっている。

2) つぎの(　　) に合うものを a ～ e の中から一つ選びなさい。

① セールに行ったけど、私がほしかった服は(　　) いた。
② この店は(　　) いるようで、また新しい店を出すらしい。
③ この数年、ガソリン代が(　　) いる。
④ 授業が始まる前に、学費を(　　) ください。

a. 儲かって	b. 稼いで	c. 売り切れて	d. 値上がりして	e. 納めて

3) つぎの(　　) に合うものを a ～ e の中から一つ選びなさい。

① 今日は(　　) 日なので、銀行が込んでいるだろう。
② 私達は毎日の生活で、電気を大量に(　　) している。
③ 旅行にいくために、生活費を(　　) して、毎月貯金をしている。
④ 昨日、ボーナスが銀行(　　) に振り込まれていた。

a. 給料	b. 取引先	c. 口座	d. 消費	e. 節約

●数える（かぞ） to count／数／세다

数える（かぞ）	to count／数／세다
計算（する）（けいさん）	to calculate／计算／계산
勘定（する）（かんじょう）	to tally up, settle a bill／计数／계산
たまる	to pile up／累积／쌓이다
積もる（つ）	to accumulate／积累／쌓이다
測定（する）（そくてい）	to measure, estimate／测定／측정
測る（長さ/面積を）（はか なが めんせき）	to measure／测量／재다
量る（重さ/容積を）（はか おも よう）	to measure／测量／재다
計る（数/時間を）（はか かず じかん）	to measure／计量／재다
省く〔省略（する）〕（はぶ しょうりゃく）	to cut, save, skip／节省／생략하다

●数え方（かぞ かた） numeration／数法／세는 법

単位（たん い）	unit／单位／단위
回数（かいすう）	number of times／回数／횟수
面積（めんせき）	area／面积／면적
量（りょう）	volume, amount／量／양
速度（そく ど）	speed／速度／속도
種類（しゅるい）	type／种类／종류
〜通（メール/手紙）（つう てがみ）	copies／〜封／~통
〜人前（料理）（にんまえ りょうり）	number of people／〜人份／~인분
〜部（書類/新聞）（ぶ しょるい しんぶん）	copies／〜部／~부

●数（かず） number／数／수

数字（すうじ）	number／数字／숫자
偶数（ぐうすう）	even numbers／偶数／짝수
奇数（きすう）	odd numbers／奇数／홀수
億（おく）	hundred million／亿／억
プラス	plus／加／플러스
マイナス	minus／减／마이너스
未満（みまん）	under／不到／미만

●多い・少ない（おお すく） many, few／多•少／많다 적다

豊かな（ゆた）	plentiful／丰富的／풍부한
豊富（ほう ふ）	abundance, affluence／丰富／풍부
無限（む げん）	infinity／无限／무한
少々（しょうしょう）	a little／很少／약간
一部（いち ぶ）	part／一部分／일부
大半（たいはん）	most／大半／대부분
大量に（たいりょう）	in large quantities／大量地／대량으로
たっぷり	a lot／足够的／가득
膨大（な）（ぼうだい）	enormous, vast／庞大的／팽대
数え切れない（かぞ き）	countless／数不清的／다 셀 수 없다
合計（する）（ごうけい）	total／合计／합계

例文

①「すみません、会議に遅れそうなんです」「**少々遅れても、問題ありませんよ**」

②「高原は星がきれいですよね」「ええ。昨日も**数え切れない**ほどの星を見ました」

③「これって2000円？」「いや、消費税が**プラスされる**から、2100円でしょ？」

④カーテンを買うなら、窓の大きさとかをきちんと**測った**ほうがいいよ。

⑤冷蔵庫と洗濯機を買ったら、**合計**で10万円もかかってしまった。

ドリル

1）a、bのうち、正しいほうを一つ選びなさい。

①参加者の（a. 大半　　b. 大量）は、大学生だった。

②体力（a. 測定　　b. 勘定）の結果、子供の体力が落ちていることがわかった。

③今年の夏は、去年より雨の（a. 数　　b. 量）が多かった。

④多い日は、一日にメールが50（a. 通　　b. 部）ぐらい来る。

⑤地球にある資源は（a. 豊富　　b. 無限）ではなく、いつかはなくなるものだ。

2）つぎの（　　　）に合うものをa〜eの中から一つ選びなさい。

①時間がなかったので、詳しい説明は（　　　）。

②先月仕事を休んだ日を（　　　）ら、2日しかなかった。

③昨日から雪が降り続き、2メートルも（　　　）。

④3年間、毎月貯金をしていたので、だいぶ貯金が（　　　）。

a. つもった　　b. たまった　　c. 省いた　　d. 測った　　e. 数えた

3）つぎの（　　　）に合うものをa〜eの中から一つ選びなさい。

①私の国は、（　　　）が日本の約10倍あります。

②公園にはいろんな（　　　）の花が植えてあり、とてもきれいです。

③この辺はカーブが多いので、（　　　）を落として運転したほうがいい。

④新聞を数えるときの（　　　）は部です。冊ではありません。

a. 単位　　b. 回数　　c. 種類　　d. 速度　　e. 面積

●政治 politics／政治／정치
せい じ

国会 こっかい	Diet／国会／국회
議員 ぎ いん	lawmaker, assembly member／议员／의원
義務 ぎ む	duty／义务／의무
権利 けん り	right／权利／권리
憲法 けんぽう	constitution／宪法／헌법
民主主義 みんしゅしゅ ぎ	democracy／民主主义／민주주의
首相 しゅしょう	prime minister／首相／수상
大統領 だいとうりょう	President／大总统／대통령
政府 ふ	government／政府／정부
選挙 せんきょ	election／选举／선거
投票(する) とうひょう	vote／投票／투표
辞任(する) じ にん	resignation／辞职／사임

●経済 economy／经济／경제
けい ざい

景気 けい き	economic conditions／景气／경기

例：景気がよくなれば、給料も上がる。
きゅうりょう　あ

利益 り えき	profit／利益／이익
コスト	cost／成本／코스트

例：コストがかかる、生産コスト
せいさん

資本 し ほん	capital／资本／자본
税金 ぜいきん	tax／税金／세금

例：10％の税金がかかる

豊か(な) ゆた	rich／丰富的／풍부(한)
豊富(な) ほう ふ	abundant／丰富的／풍부한
貧しい まず	poor／贫穷的／가난하다
インフレ	inflation／通货膨胀／인플레이션

デフレ	deflation／通货紧缩／디플레이션

●社会 society／社会／사회
しゃ かい

先進国 せんしんこく	developed country／先进国家／선진국
国際的 さいてき	international／国际的／국제적
インターナショナル	international／国际的、国际间的／인터내셔널

例：インターナショナルスクール

援助(する) えんじょ	support／援助／원조
テロ	terrorism／恐怖主义／테러
独立(する) どくりつ	independence／独立／독립
発展(する) はってん	development／发展／발전
地方 ち ほう	countryside, local region／地方／지방

⇔国、全国、都市
くに　ぜんこく　と し

公共の こうきょう	public／公共的／공공의

例：公共交通機関、公共施設
こうつう き かん　　　し せつ

地区 く	district／地区／지구

例：開発地区、自然保護地区
かいはつ　　　　し ぜん ほ ご

●社会問題 social problem／社会问题／사회문제
しゃかいもんだい

法・法律 ほう　りつ	law／法・法律／법 법률
犯罪 はんざい	crime／犯罪／범죄
▶**事件** じ けん	incident, affair／事件／사건
▶**犯人** にん	criminal／犯人／범인
高齢化 こうれい か	aging／高龄化／고령화
少子化 しょう し	declining birthrate／少子化／출생률감소
被害 ひ がい	damage／受灾／피해

例：地震の被害が心配だ。
じ しん　　　　　しんぱい

例　文

①こういうことを禁止する**法律**はないのかなあ。日本は企業に甘すぎるよ。

②**経済の発展**とともに、日本の食卓も豊かになりました。

③民主主義の**社会**では、まず、自由な**選挙**が行われなければなりません。

④今日、多くの**先進国**が、**高齢化**と**少子化**の問題を抱えています。

⑤「台風がよく通る**地方**は大変だね」「うん。今年も農作物に少し**被害**が出たらしいよ」

ドリル

1）a、bのうち、正しいほうを一つ選びなさい。

①もっと（a. コスト　　b. 資本）を下げないと、他社の製品に勝てない。

②アメリカの（a. 首相　　b. 大統領）が、来月東京に来るらしい。

③このアパートに住んでいるのは、ほとんどが（a. 地区　　b. 地方）出身の若者です。

④貧しい子供たちを（a. 発展する　　b. 援助する）ため、寄付金を集めている。

⑤（a. 景気　　b. 利益）が悪くなって、うちの会社ではボーナスが出なくなった。

2）つぎの（　　　）に合うものをa～eの中から一つ選びなさい。

①税金を払うのは、国民の（　　　）です。

②親の（　　　）を受けて、家を持つことができた。

③あの議員は、今の（　　　）を変えずに守るべき、という立場です。

④彼は7月の選挙で（　　　）に選ばれたばかりだが、健康上の理由で辞任するらしい。

a. 憲法	b. 議員	c. 援助	d. 権利	e. 義務

3）つぎの（　　　）に合うものをa～eの中から一つ選びなさい。

①税金が安くなるのはいいけど、（　　　）サービスが悪くなるのは困るなあ。

②彼は父親が経営するレストランから（　　　）して、自分の店を開いたそうです。

③外国で問題が起きた場合、現地の（　　　）によって裁判が行われる。

④中国の経済は今後ますます（　　　）するだろう。

a. 景気	b. 独立	c. 発展	d. 法律	e. 公共

6 産業・技術
さんぎょう　　ぎじゅつ

industry, technology／产业・技术／산업 기술

●産業 industry／产业／산업
さんぎょう

〜業 ～ industry／〜业／〜업
ぎょう

製造業、サービス業、工業、漁業、農業
せいぞう　　　　　　　　こう　ぎょう　のう

医療 medical care／医疗／의료
いりょう

金融 finance／金融／금융
きんゆう

マスコミ media／大规模宣传, 大众传播／매스컴

メーカー maker／厂家／메이커

例：**自動車メーカー、食品メーカー**
じ どうしゃ　　　　しょくひん

市場 market／市场／시장
し じょう

●技術 technology／技术／기술
ぎ じゅつ

発売（する） release／出售, 发售／발매
はつばい

発明（する） invention／发明／발명
めい

通信 communication／通信／통신
つうしん

製造（する） production／制造／제조
せいぞう

出る to go on sale／上市／나오다
で

例：**来月、A社から新製品が出る。**
らいげつ　しゃ　　しん ひん

検査（する） inspection／检查／검사
けん さ

高度（な） advanced, high／高度的／고도의
こう ど

合理化（する） rationalization／合理化／합리화
ごう り か

伝統的（な） traditional／传统的／전통적인
でんとうてき

省エネ energy saving／省能源／에너지 절약
しょう

例：**省エネのために、使わない電気は**
つか　　　　でん き

消しましょう。
け

自動的 automatic／自动的／자동적
じ どうてき

例：**このエアコンは自動的に電源が切れる。**
げん き

調整（する） adjustment／调整／조정
ちょうせい

供給（する） supply／供给／공급
きょうきゅう

生産 production／生产／생산
せいさん

原料 raw materials／原料／원료
げんりょう

処理（する） processing／处理／처리
しょり

例：**ゴミ/データ/問題を処理する**
もんだい

●製品 product／产品／제품
せいひん

機能 function／机能／기능
き のう

資源 resources／资源／자원
し げん

構造 structure／构造／구조
こうぞう

性能 performance／性能／성능
せい

製品 product／产品／제품
せいひん

他社・自社 other companies, our company／其它公司・
た しゃ　じ しゃ 自己公司／타사 자사

設備 facilities／设备／설비
せつ び

例：**設備が整っている、空調の設備**
ととの　　　　　　くうちょう

部品 part／零件／부품
ぶ

型 model／类型／형태
かた/がた

例：**薄型テレビ、新型テレビ、大型車**
うすがた　　　　しんがた　　　　おおがたしゃ

操作（する） operation／操作／조작
そう さ

例：**機械/リモコンを操作する**
き かい

能率 efficiency／效率／능률
りつ

6 産業・技術（さんぎょう・ぎじゅつ）

①「どういう商品が人気ありますか」「最近は皆さん、環境に対する意識が高いですから、省エネタイプのものが売れてますね」

②使っていただくとわかるんですが、他社の製品に比べ、性能には自信があるんです。

③〈時計店で〉これが便利なんじゃない？　自動的に時刻を調整する機能があるんだって。

④今、事故の影響で原料の供給が止まっているので、生産ができない状態なんです。

⑤むだなものをなくして合理化を進めないと、市場での競争には勝てません。

ドリル

1）a、bのうち、正しいほうを一つ選びなさい。

①この電話は（a. 性能　　b. 機能）がたくさんありすぎて、慣れるまで大変だった。

②会社の（a. 設備　　b. 資源）が新しくなって、とても働きやすくなりました。

③この機械は（a. 製造　　b. 構造）が複雑だから、修理に時間がかかりますよ。

④今日は毎月読んでいる雑誌が（a. 発売　　b. 発明）される日だから、本屋に寄ってから帰るよ。

⑤新しい携帯を買ったけれど、まだ（a. 操作　　b. 処理）方法がよくわかりません。

2）つぎの（　　　）に合うものをa～eの中から一つ選びなさい。

①この辺りのみそのメーカーでは、昔からの（　　　）な製造方法を続けている。

②会議が多すぎて時間のむだだから、社内のネット利用を広げて（　　　）することになった。

③長時間同じ作業を続けていると（　　　）が悪くなってくるから、少し休んだほうがいい。

④パソコンはインターネットをするくらいで、あまり（　　　）なことはわかりません。

a. 高度	b. 伝統的	c. 合理化	d. 能率	e. 自動的

3）つぎの（　　　）に合うものをa～eの中から一つ選びなさい。

①銀行で働いていた経験が生かせるから、転職するなら（　　　）関係がいい。

②故障しても、買ってから1年以内なら（　　　）が無料で修理してくれるんじゃない？

③ここは田舎なので、（　　　）手段は郵便と電話、ファックス以外はないんです。

④将来はテレビとか新聞とかの（　　　）関係の仕事をしたいと思っています。

a. メーカー	b. マスコミ	c. 通信	d. 金融	e. 市場

7 自然
しぜん
Nature ／自然／자연

●地形
ちけい
topography ／地形／지형

大陸
たいりく
continent ／大陆／대륙

例：アメリカ大陸、南極大陸
なんきょく

砂漠
さばく
desert ／沙漠／사막

森林
しんりん
forest ／森林／삼림

ダム
dam ／大坝／댐

頂上
ちょうじょう
top ／山顶／정상

眺め
なが
view ／风景、景致／전망

流れ
なが
flow ／流水、水流／흐름

〜沿い
ぞ
along 〜／沿着〜／〜가

例：川沿い、海沿い
かわ　　うみ

なだらか（な）
gentle ／平稳、顺利、平坦／완만(한)

例：なだらかな坂
さか

険しい
けわ
steep ／危险／험하다

●動物・植物
どうぶつ　しょくぶつ
animal, plant ／动物・植物／동물· 식물

種
たね
seed ／种／씨

つぼみ
bud ／花蕾／봉우리

例：つぼみがつく、つぼみが開く
ひら

落ち葉
お　　ば
dead leaves ／落叶／낙엽

食物
しょくもつ
food ／食物／음식

作物
さくもつ
crops ／农作物／작물

実る
みの
to blossom out ／结果／열매를 맺다

茂る
しげ
to grow thick ／茂盛／우거지다

吠える
ほ
to bark ／吼、叫、吠／짖다

しっぽ
tail ／尾巴／꼬리

羽〔羽根〕
は　　はね
feather ／羽毛、翅膀／날개

●自然現象
しぜんげんしょう
natural phenomenon ／自然现象／자연현상

快晴
かいせい
fine weather ／万里无云的／쾌청

嵐
あらし
storm ／暴风雨、风暴／폭풍우

にわか雨
あめ
shower ／急雨／소나기

夕立
ゆうだち
(summer afternoon) shower ／雷阵雨／소나기

▶ずぶぬれ
soaking ／全身湿透／흠뻑 젖음

津波
つなみ
tsunami ／海啸／해일

日光
にっこう
sunlight ／日光／일광

日の出
ひ　　で
sunrise ／日出／일출

⇔日の入り
い
sunset ／日落／일몰

照る
て
to shine ／照射／비치다

例：日が照る

凍る
こお
to freeze ／冻冰、冻结／얼다

梅雨
つゆ
rainy season ／梅雨／장마

紅葉
こうよう
autumn leaves ／红叶／단풍

気圧
き　あつ
atmospheric pressure ／气压／기압

例：低気圧、高気圧
てい　　こう

気候
き こう
climate ／气候／기후

天然
てんねん
nature ／天然／천연

例：天然の温泉、天然の魚、天然水、天然石
おんせん　　　　さかな　　　すい　　　せき

●災害
さいがい
disaster ／灾害／재해

環境破壊
かんきょう は かい
environmental disruption ／环境破坏／환경 파괴

汚染
お せん
pollution ／污染／오염

温暖化
おんだん か
warming ／气温变暖／온난화

例：地球温暖化、温暖化を防ぐ
ち きゅう　　　　　　　　　ふせ

 例　文（れい　ぶん）

①この辺は**険しい**山が続くから、車がないとすごく不便なんです。

②きのうの大雨で**流れ**が速くなっているので、川沿いを歩くのは危険です。

③「**にわか雨**だと思ったのに、全然やまないね」「あのまま傘差さずに歩いてたら、ずぶぬれになってたね」

④「この歩道、**落ち葉**がいっぱい積もってるね」「すごいね。でも、濡れてるから、ちょっと歩きにくい」

⑤「今日も寒いね」「寒い。さっき見たら、学校の中庭の池も凍ってたよ」

ドリル

1）a、bのうち、正しいほうを一つ選びなさい。

①庭でイチゴを育てたら、ちゃんと（a. 実って　　b. 茂って）くれて、今朝、初めて食べた。

②北海道はここと（a. 気候　　b. 気圧）が違うから、もっと厚いコートにしたほうがいいよ。

③梅雨に雨があまり降らなかったので、（a. ダム　　b. 波）の水が少なくなっているそうです。

④もうすぐ（a. 日の入り　　b. 日の出）だね。東の方がだんだん明るくなってきた。

⑤午後からは日が（a. 凍って　　b. 照って）、暖かくなってきました。

2）つぎの（　　　）に合うものをa〜eの中から一つ選びなさい。

①「あ、見て。あの木、（　　　）がついてる」「ほんとだ。もう春だね」

②「うまくかけないなあ」「ウサギの（　　　）はもっと短くしないと変だよ」

③今年は台風も来なかったし、（　　　）が順調に育ちました。

④庭がさびしかったので、いろいろな植物の（　　　）を植えて育てることにしました。

| a. 種（たね） | b. つぼみ | c. しっぽ | d. 羽（はね） | e. 作物（さくもつ） |

3）つぎの（　　　）に合うものをa〜eの中から一つ選びなさい。

①目によくないから、（　　　）を直接見たらだめだよ。

②この店のコーヒーは、富士山の（　　　）の水で作ってるんだって。

③工場ができると川が（　　　）されるんじゃないかと、住民が心配している。

④「今日は雲ひとつないね」「ほんとだ。（　　　）だね」

| a. 日光（にっこう） | b. 嵐（あらし） | c. 快晴（かいせい） | d. 天然（てんねん） | e. 汚染（おせん） |

8 体・健康
からだ けんこう

body, health ／ 身体・健康 ／ 몸 건강

●体・身体
からだ しんたい

body ／ 身体 ／ 몸 신체

全身 ぜんしん	whole body ／ 全身 ／ 전신
筋肉 きんにく	muscle ／ 肌肉 ／ 근육
皮膚 ひふ	skin ／ 皮肤 ／ 피부
骨 ほね	bone ／ 骨 ／ 뼈
心臓 しんぞう	heart ／ 心脏 ／ 심장
体温 たいおん	temperature ／ 体温 ／ 체온
しわ	wrinkle ／ 皱纹 ／ 주름
ひげ	mustache ／ 胡须 ／ 수염
白髪 しらが	white hair ／ 白发 ／ 흰머리

●体の変化
へんか

change of the body ／ 身体的変化 ／ 몸의 변화

あくび	yawn ／ 打哈欠 ／ 하품
ため息 いき	sigh ／ 叹息 ／ 한숨

例：ため息をつく、ため息が出る
て

息	breath ／ 呼吸 ／ 숨
呼吸(する) こきゅう	breathing ／ 呼吸 ／ 호흡(하다)
吸う す	to breath in ／ 吸 ／ 마시다
吐く は	to exhale ／ 呕吐 ／ 토하다

例：息を吸う/吐く、息をする〔呼吸する〕

妊娠(する) にんしん	pregnancy ／ 怀孕 ／ 임신(하다)
成長(する) せいちょう	growth ／ 成长 ／ 성장(하다)
きゃしゃ(な)	delicateness ／ 纤细、窈窕 ／ 가냘픔
きつい	tight, hard ／ 紧的、没有空隙的 ／ 작다, 힘들다

例：服/くつ/ベルトがきつい
ふく

※「厳しい」の意味もある(例：きつい仕事、きつ
きび いみ しごと
いことを言う)。
い

●健康・病気
けんこう びょうき

health, disease ／ 健康・疾病 ／ 건강・병

アレルギー	allergy ／ 过敏 ／ 알레르기

例：金属/卵アレルギー、アレルギーを抑える
きんぞく たまご おさ

花粉症 かふんしょう	hay fever ／ 花粉症 ／ 꽃가루 알레르기
くしゃみ	sneeze ／ 打喷嚏 ／ 재채기
流行る はや	to go around ／ 流行 ／ 유행하다
傷 きず	wound ／ 外伤、损伤 ／ 상처
▶ **傷あと**	scar ／ 伤痕 ／ 상처 자국
▶ **傷口** ぐち	wound ／ 伤口 ／ 상처
▶ **傷つく**	to be hurt ／ 受伤 ／ 상처입다
▶ **傷つける**	to lacerate ／ 伤害 ／ 상처를 내다
蚊にさされる か (←さす)	to be bitten by a mosquito ／ 被蚊子咬 ／ 모기에게 물리다
腫れる は	to swell up ／ 肿的 ／ 붓다

●病院
びょういん

hospital ／ 医院 ／ 병원

～科 か	... department ／ ～科 ／ ~ 과
▶ **内科、外科、歯科** ない げ し	
衛生 えいせい	hygiene ／ 卫生 ／ 위생
医者にかかる いしゃ	to consult a doctor ／ 看医生 ／ 의사에게 진찰하다
インフルエンザにかかる	to suffer from influenza ／ 患上流感 ／ 인플루엔자에 걸리다
診察 しんさつ	medical examination ／ 问诊 ／ 진찰
診断 だん	diagnosis ／ 诊断 ／ 진단
症状 しょうじょう	symptom ／ 症状 ／ 증상
治療(する) ちりょう	medical treatment ／ 治疗 ／ 치료(하다)
手当(する) てあて	treatment ／ 护理 ／ 응급조치(하다)

例文（れいぶん）

①最近は花粉症で鼻水とくしゃみが止まらないので、仕事をするのも大変です。

②うちの妹は金属アレルギーだから、時計は皮のベルトのものしかつけないんです。

③今かかっているお医者さんはいいですよ。診察が丁寧で、待合室もきれいで。

④子どものころ、よくけがをしたから、体のあちこちに小さい傷あとが残っているんです。

⑤〈病院で〉体を楽にして、ゆっくり息を吐いてください。・・・はい、じゃ、今度は大きく息を吸ってください。・・・はい、そこで止めてください。

ドリル

1）a、bのうち、正しいほうを一つ選びなさい。

①「手をけがしたんだって？　大丈夫？」「はい。近くの病院に行って、すぐ（a. 治療　　b. 手当て）をしてもらいました」

②（a. あくび　　b. ため息）なんかついて、どうしたの？」「朝から大事な資料が見つからなくて」

③年をとってきたなあ。目の横の（a. しわ　　b. ひげ）が前より目立つ気がする。

④今日はほんとに寒いね。（a. 吸う　　b. 吐く）息が白い。

⑤毎日運動をしているので、だいぶ体に（a. 筋肉　　b. 皮膚）がついてきた。

2）つぎの（　　）に合うものをa〜eの中から一つ選びなさい。

①「痛い！　目にゴミが入ったみたい」「こすると目が（　　）よ。水で洗ったほうがいい」

②「〈足を見て〉そこ、どうしたの？　ちょっと（　　）るね」「うん。さっき、階段で転んじゃって」

③インフルエンザが（　　）いますから、帰ったらすぐ手を洗いましょう。

④うちのおじいちゃんはすごく元気で、ここ5年くらいは病気に（　　）ないと思う。

a. かかって　　b. 傷つく　　c. 流行って　　d. さす　　e. はれて

3）つぎの（　　）に合うものをa〜eの中から一つ選びなさい。

①彼女はあんなに体が（　　）なのに、力が強いから不思議だ。

②「びっくりした？」「びっくりしたよ、もう！　（　　）が止まるかと思った」

③（　　）が映る鏡があったら、よくわかっていいんだけどなあ。

④「お客様、いかがですか」「ちょっと首のあたりが（　　）ですね。Lサイズはありますか」

a. きつい　　b. きゃしゃ　　c. 筋肉　　d. 全身　　e. 心臓

 実戦練習（UNIT 1～8）
じっせんれんしゅう

問題1 （　　　）に入れるのに最もよいものを、1・2・3・4から一つ選びなさい。

① このやり方では（　　　）が悪いので、他の方法を考えよう。
　　1　作業　　　　　　2　能率　　　　　　3　機能　　　　　　4　調整（ちょうせい）

② 私は体が弱く、子供のころから医者に（　　　）いる。
　　1　かかって　　　2　治療して（ちりょう）　　3　診察して（しんさつ）　　4　かぶれて

③ あの教師は（　　　）知識と経験を持っている。
　　1　慎重な（しんちょう）　　2　豊かな　　　　3　満足な　　　　4　完全な

④ 北海道の冬はとても寒く、水道も（　　　）そうだ。
　　1　冷蔵する　　　2　冷凍する　　　3　氷になる　　　4　凍る

⑤ 昨日はほとんど寝ていないので、今日は（　　　）ばかり出る。
　　1　しわ　　　　　2　せき　　　　　3　あくび　　　　4　くしゃみ

⑥ 一人に3（　　　）ずつ資料が配られた。
　　1　科　　　　　　2　通　　　　　　3　部　　　　　　4　業

⑦ お酒を飲み過ぎて、食べた物を全部（　　　）しまった。
　　1　落として　　　2　取り出して　　3　吐いて（は）　　4　注いで

⑧ うちの会社でこの機械を（　　　）できるのは、山本さんだけだ。
　　1　通信　　　　　2　構造　　　　　3　設備　　　　　4　操作（そうさ）

⑨ この山を登るなら、あの道が（　　　）歩きやすいですよ。
　　1　あいまいで　　2　なだらかで　　3　のんきで　　　4　きゃしゃで

⑩ さっきまで大雨が降っていたのに、もう日が（　　　）いる。
　　1　照って　　　　2　晴れて　　　　3　光って　　　　4　伸びて

問題2 _______ に意味が最も近いものを、1・2・3・4から一つ選びなさい。

① 秋は多くの作物が実る季節だ。

1　いる　　　　　　　2　ある　　　　　　　3　なる　　　　　　　4　でる

② 近々、社長から重大な発表があるらしい。

1　事前に　　　　　　2　ついに　　　　　　3　最近　　　　　　　4　もうすぐ

③ このパソコンには、膨大なデータが保存されている。

1　貴重な　　　　　　2　重要な　　　　　　3　大量の　　　　　　4　深刻な

④ 時間はたっぷりあるので、ゆっくり考えてください。

1　かなり　　　　　　2　十分に　　　　　　3　ほとんど　　　　　4　無限に

問題3 次の言葉の使い方として最もよいものを、一つ選びなさい。

① 省く

1　これ、ちょっと大き過ぎますね。コピーして省いてください。

2　時間がないので途中の説明は省きます。

3　先月お金を使いすぎたので、今月はお金を省こう。

4　最近快速電車ができたおかげで、通勤時間が省かれた。

② きつい

1　この靴は少しきついけれど、はいているうちに慣れるだろう。

2　私の部屋はきついので、家具はあまり置けない。

3　この辺りは道路がきつく、車が通ることができない。

4　毎朝きつい電車に乗って通勤するのは疲れる。

③ 日常

1　高校生の妹は、夏休みになってから日常勉強している。

2　あのレストランはいつ電話しても、日常予約が取れない。

3　コンビニは日常開いている。

4　結婚のお祝いには、日常使える物をあげるのがいいと思います。

9 交通
こうつう

traffic／交通／교통

●乗る
の

to go a board／乗坐／타다

乗車（する）
じょうしゃ
taking the bus, train／乗车／승차

乗り換える
か
to transfer／换乘／갈아타다

乗り越す
こ
to ride past／过来／타고 가다 하차 역을 지나치다

乗り過ごす
す
to miss one's stop／坐过站／타고 가다 하차 역을 지나치다

乗り継ぐ
つ
to change, make a connection／换乘（途中换成其他交通工具前进）／갈아타고 목적지까지 가다

乗り遅れる
おく
to miss a train, etc／误点（没乘上车船）／차를 놓치다

下車（する）
げ しゃ
to get off, alight／下车／하차

●移動する
い どう

to move／移动／이동하다

追い越す
お こ
to overtake／赶上, 超过／추월하다

追い付く
つ
to catch up／追上, 撵上／따라붙다

すれ違う
ちが
to miss each other／擦肩而过, 走岔, 错开／서로 마주 지나가다

右折（する）
う せつ
turning right／右转／우회전

⇔左折（する）
さ
turning left／左转／좌회전

通過（する）
つう か
passing by／通过／통과

●道路
どう ろ

road／道路／도로

大通り
おおどお
main street／大路／큰길

通路
つう ろ
passage／通行的道路／통로

車道
しゃ どう
road／行车道／차도

横断歩道
おうだん ほ
pedestrian crossing／人行横道／횡단보도

近道（する）
ちかみち
shortcut／近路／지름길

回り道（する）
まわ

detour／绕远, 绕道／우회로

遠回り（する）
とお
long way／绕远, 绕道, 迂回／먼 길을 돌아감

●鉄道・交通機関
てつどう　こうつう　き かん

trailroad, means of transportation／铁路・交通工具／철도· 교통기관

私鉄
し
private rail／民营铁路／사철

列車
れっしゃ
train／列车／열차

　例：列車事故、列車の旅
　　　れい　　じ こ　　　　　たび

車両
りょう
(train) car／车辆／차량

　例：一番前の車両に乗る
　　　いちばんまえ　　　　　　の

線路
せん ろ
track／轨道, 铁轨／선로

▶脱線（する）
だっ
derailment／脱轨／탈선

モノレール
monorail／单轨列车／모노레일

●運賃
うん ちん

fare／运费／운임

往復（する）
おうふく
return／往返／왕복

片道
かたみち
one way／单程／편도

区間
く かん
section／区间／구간

払い戻す
はら　もど
to pay back／退钱／환불하다

▶払い戻し
refund／找钱／환불

●その他
た

最終（の）
さいしゅう
last／最终, 最末尾／최종

駐車（する）
ちゅうしゃ
parking／停放汽车／주차

混雑（する）
こんざつ
congestion／拥挤／혼잡

見送り（する）
み おく
seeing off／送行／배웅

出迎え
で むか
going to meet someone／迎接／마중

①この時間は、通勤の人で駅がすごく**混雑**する。
（じかん　　つうきん　ひと　えき　　　　　　こんざつ）

②「ここは、すぐわかりましたか」「いえ、道を間違えて、**遠回り**してしまいました」
（みち　まちが　　　とおまわ）

③〈空港で〉ここから先は、お**見送り**の方は入ることができません。
（くうこう　　　　　　さき　　みおく　かた　はい）

④会社に行くまでに、３回も電車を**乗り換え**なければならないんです。
（かいしゃ　い　　　　　かい　でんしゃ　の　か）

⑤〈新幹線で〉今、静岡を**通過**したから、東京まであと１時間くらいだね。
（しんかんせん　いま　しずおか　つうか　　　　　　とうきょう　　　　じかん）

ドリル

１）a、bのうち、正しいほうを一つ選びなさい。
（ただ　　　　　　　ひと　えら）

①空港へ行くには、元町駅でバスに(a. 乗り継いで　　　b. 乗り越して) ください。
（くうこう　い　　　もとまちえき　　　　　の　つ　　　　　　　　の　こ）

②A駅からB駅の間は、途中（a. 駐車　　　b. 下車）することができません。
（えき　　　えき　あいだ　とちゅう　ちゅうしゃ　　　げしゃ）

③となりの建物へは、この(a. 通路　　　b. 線路)から移動できます。
（たてもの　　　　　　　つうろ　　　せんろ　　　いどう）

④さっき、駅前の通りで原さんと(a. すれ違った　　　b. 右折した)よ。
（えきまえ　とお　はら　　　　　ちが　　　　　　　うせつ）

⑤危険なので、(a. 片道　　　b. 車道)を歩かないようにしてください。
（きけん　　　　　かたみち　　　しゃどう　　　ある）

２）つぎの（　　　　）に合うものをa〜eの中から一つ選びなさい。
（あ　　　　　　　　なか　ひと　えら）

①新幹線に（　　　　）た場合、切符の払い戻しはできますか。
（しんかんせん　　　　　ばあい　きっぷ　はら　もど）

②走って行ったら、先に出た友だちに（　　　　）た。
（はし　い　　　　　さき　で　とも）

③昨日、家に帰る時、居眠りをして（　　　　）てしまった。
（きのう　いえ　かえ　とき　いねむ）

④台風のため、飛行機が２時間遅れて（　　　　）た。
（たいふう　　　ひこうき　　じかんおく）

a. 乗り遅れ	b. 乗り過ごし	c. 追い付い	d. 追い越し	e. 到着し
の　おく	の　す	お　つ	お　こ	とうちゃく

３）つぎの（　　　　）に合うものをa〜eの中から一つ選びなさい。
（あ　　　　　　　　なか　ひと　えら）

①ここはあまり車は通らないから、タクシーを拾うなら、（　　　　）に出たほうがいい。
（くるま　とお　　　　　　　　　　　ひろ　　　　　　　　　　で）

②この（　　　　）は、どこからどこまで乗っても、運賃は200円なんです。
（の　　　　　うんちん　　えん）

③こっちのほうが（　　　　）だから、こっちから行こう。
（い）

④（　　　　）の新幹線に間に合うには、ここを10時に出ないといけない。
（しんかんせん　ま　あ　　　　　　　じ　で）

a. 通過	b. 近道	c. 大通り	d. 最終	e. 区間
つうか	ちかみち	おおどお	さいしゅう	く　かん

●位置　location／位置／위치
（い　ち）

～側 （がわ）	~side／～側／~측
中央 （ちゅうおう）	center／中央／중앙
中心 （しん）	center／中心／중심
正面 （しょうめん）	front／正面／정면
向かい （む）	opposite, other side／対面／건너편
斜め （なな）	diagonal, slanting／斜对／비스듬함
端 （はし）	end, edge／边缘／끝
隅 （すみ）	corner／角落／구석
中間 （かん）	middle／中间／중간
真～ （ま）	right, just／正／똑바로~
表 （おもて）	front／表面／겉
裏 （うら）	back／背面／안

●状況　situation／状況／상황
（じょうきょう）

囲まれている （かこ）	surrounded by／被包围／둘러싸여 있다
接している （せっ）	touching, in contact with／相邻／접해있다
面している （めん）	facing／面对／면해있다
沿っている （そ）	running along／沿着／따라 있다
位置している （い　ち）	located／位置／위치하고 있다
行き止まり （い　ど）	dead end／尽头／막다른 곳
突き当たり （つ　あ）	end／死胡同／막다른 곳

（家が木に）かこまれている

（家が道路に）めんしている

いきどまり

つきあたり

【10】 例　文

①「この道路、工事中？」「うん、ここから先は**行き止まり**になっているみたい」

②「どんな人がこの活動をしているんですか」「大学生が**中心**になってやっています」

③「いすはどこに置きましょうか」「部屋の**隅**に並べておいてください」

④休日は**正面**の入口が閉まっていますので、裏口からお入りください。

⑤この部屋の場合、道路に**面**しているから、車の音が心配です。

ドリル

1）a、bのうち、正しいほうを一つ選びなさい。

①公園の（a. 中央　　b. 中心）に大きな池がある。

②私の家は市役所の（a. 真ん中　　b. 真正面）にあります。

③ひもの（a. 端　　b. 隅）を持って、このように結んでください。

④この服はどちらが（a. 表　　b. 正面）か、わかりにくい。

⑤〈寮で〉ジョンさんの部屋は、私の部屋の（a. 縦　　b. 真下）です。

2）つぎの（　　　）に合うものをa〜eの中から一つ選びなさい。

①川に（　　　）真っすぐ行くと、駅に出ますよ。

②ふじホテルは海に（　　　）いて、眺めがいいですよ。

③この辺りはビルに（　　　）いるので、日当たりがあまりよくない。

④さくら浜市は県の南部に（　　　）いて、一年中暖かい気候です。

a. 囲まれて　　b. 沿って　　c. 位置して　　d. 接して　　e. 面して

3）つぎの（　　　）に合うものをa〜eの中から一つ選びなさい。

①この駅と隣の駅の（　　　）に、もう一つ新しい駅ができるらしい。

②バス停を降りたら、通りの反対側に渡ってください。バス停のちょうど（　　　）がうちの店です。

③運転が下手なので、駐車場に車をとめるとき、いつも（　　　）になる。

④本棚の（　　　）に本を落としてしまって、取れない。

a. 真上　　b. 中間　　c. 斜め　　d. 向かい　　e. 裏

●趣味・活動 しゅみ　かつどう	hobby, activity／兴趣・活动／취미 활동
読書（する） どくしょ	reading／读书／독서
おしゃれ（する）	dressing up／好打扮／멋을 부림
コレクション （する）	collecting／收集／수집
アニメ（ーション）	animation／动画片／만화 영화
イラスト	illustration／插图／삽화
エッセイ 〔エッセー〕	essay／随笔／에세이
俳句 はい　く	haiku／俳句／하이쿠
生け花 い　　ばな	ikebana／插花／꽃꽂이
劇〔演劇〕 げき　えん	theater, plays／话剧／극
劇場 じょう	theater／剧场／극장
演技（する） ぎ	acting／演技／연기
撮影（する） さつえい	filming, photographing／拍摄／촬영
作曲（する） さっきょく	composing／作曲／작곡
けいこ（する）	practice, training／排练、练习／배움
芸術〔アート〕 げいじゅつ	art／艺术／예술
作品 さくひん	artwork／作品／작품
初心者 しょしんしゃ	beginner／初学者／풋내기
創作（する） そう	creating／创作／창작
展示（する） てん　じ	exhibiting／展示／전시
出版（する） しゅっぱん	publishing／出版／출판
鑑賞（する） かんしょう	appreciation (of art, etc)／鉴赏／감상
素人 しろうと	amateur, novice／门外汉／아마추어
アマ（チュア）	amateur／业余爱好者／아마추어
⇔プロ	professional／职业／프로

催し（物） もよお　　もの	event／集会／전시, 행사
企画（する） き　かく	planning／企画／기획
集まり あつ	gathering／聚集／모임
講演（会） こう　　かい	lecture, speech／演讲会／강연
レジャー	leisure／业余消遣／레저
登山 と　ざん	mountain climbing／登山／등산
海水浴 かいすいよく	sea bathing／海水浴／해수욕
ボランティア	volunteer／志愿者／볼런티어
署名（する） しょめい	signature／署名／서명
デモ	demonstration／游行／데모

①「このサークルはどんな**活動**をしているんですか」「月に１回、国際交流の**イベント**を行っています」

②「新聞に林さんの**俳句**が紹介されていましたね」「ええ、とてもいい**作品**でしたね」

③「**署名**活動にご**協力**いただけませんか」「いいですよ」

④「服をたくさん持っているんですね」「**おしゃれ**をするのが一番の**趣味**なんです」

⑤おじはこの辺のお寺や神社に詳しいので、**ボランティア**で観光客に案内をしています。

ドリル

1）a、bのうち、正しいほうを一つ選びなさい。

①大学の学園祭で、（a. 講演会　　b. 企画）が開かれる予定です。

②このデパートでは、毎月いろいろな（a. デモ　　b. 催し）が行われている。

③日本の（a. アニメ　　b. アマチュア）は、海外でも人気がある。

④このドラマでは、新人俳優の（a. 演技　　b. 劇）が注目されている。

⑤これからフラメンコ教室の（a. けいこ　　b. 創作）があるんです。

2）つぎの（　　　　）に合うものをa〜eの中から一つ選びなさい。

①演奏した10曲のうち、３曲は自分で（　　　　）したものだそうです。

②父は音楽（　　　　）が趣味で、ジャズのCDだけでも、300枚以上のコレクションがある。

③これは去年、飛行機から（　　　　）した富士山の写真です。

④友だちは（　　　　）が好きで、毎月20冊くらい本を買っている。

a. 鑑賞	b. 劇場	c. 撮影	d. 作曲	e. 読書

3）つぎの（　　　　）に合うものをa〜eの中から一つ選びなさい。

①この美術館にある絵の多くは、A社の社長の（　　　　）によるものだそうです。

②来月の後半になれば、（　　　　）に出かける人がもっと増えるだろう。

③毎年秋に、この地域の農産物をPRするための（　　　　）が行われます。

④この教科書は（　　　　）が多くてわかりやすい。

a. イベント	b. コレクション	c. ボランティア	d. イラスト	e. レジャー

●学校生活
がっこうせいかつ
school life／学校生活／학교생활

国立、公立、私立 こくりつ　こう　　し	national, public, private／国立·公立·私立／국립, 공립, 사립
児童 じ　どう	child／儿童／아동
同級生 どうきゅう	classmate／同级生／동급생
校舎 しゃ	school building／校舍／교사
▶**校庭** てい	school yard／校园／교정
通学（する） つう	attending school／去上学／통학
学割／学生割引 わり　　　　　　びき	student discount／学生折扣／학생 할인
塾 じゅく	cram school／私塾／학원

●大学生活
だいがくせいかつ
campus life／大学生活／대학 생활

大学院 いん	graduate school／大学院、研究生院／대학원
学部 ぶ	department／系、学部／학부

例：文学部、法学部、経済学部、理工学部、医学部
ぶん　　ほう　　　けいざい　　　りこう　　　い
department of literaturelaw department, department of economics, department of science and engineering, medical department"／文学系、法学系、経済学系、理工学系、医学系／문학부, 법학부, 경제학부, 이공학부, 의학부

学科 か	subject／学科／학과
コース	course／课程／코스
専攻（する） せんこう	specialty／专攻／전공
研究生 けんきゅう	research worker／研究生／연구생
休学（する） きゅう	temporary absence from school (I do it)／休学／휴학
退学（する） たい	withdrawal from school (I do it)／退学／퇴학
実習（する） じっしゅう	practical training／实习／실습
休講 こう	no lecture／休讲／휴강
単位 たん　い	unit／学分／학점
奨学金 しょう　　きん	scholarship／奖学金／장학금

●科目・研究
かもく　けんきゅう
subject, study／科目·研究／과목·연구

掲示板 けい　じ　ばん	bulletin board／掲示板／게시판
知識 ちしき	knowledge／知识／지식
サークル	circle／倶乐部／서클
ゼミ	seminar／研讨会／세미나
学問 がくもん	study／学问／학문
物理学 ぶつり	physics／物理学／물리학
自然科学 し　ぜん　か	natural science／自然科学／자연과학
批評（する） ひ　ひょう	review／批评／评论／비평
グラフ	graph／图表／클럽
調査（する） ちょう　さ	investigation／调查／조사
整理（する） せい　り	rearranging／整理／정리
分析（する） ぶんせき	analysis／分析／분석
引用（する） いんよう	quotation／引用／인용
提出（する） ていしゅつ	presentation／提出／제출

●試験
しけん
examination／考试／시험

筆記試験 ひっき	written examination／笔试／필기시험
暗記（する） あん　き	learning by heart／背诵／암기
推薦（する） すいせん	recommendation／推荐／추천
実力 じつりょく	ability／实力／실력
合格・不合格 ごうかく　　ふ	pass, failure／合格·不合格／합격 불합격
範囲 はん　い	range／范围／범위
討論（する） とうろん	discussion／讨论／토론

例　文

①**私立**は**学費**が高いから、親は**国立**か**公立**の大学に行ってほしいでしょうね。

②来週のゼミまでに、**調査**結果を**分析**して、レポートを**提出**しなきゃならない。

③「試験、どうだった？」「全然できなかったよ。やっぱり**実力**が足りないって感じ。たぶん**不合格**」

④「毎日忙しいですか」「そうですね。今、**大学院**の**研究生**なんですが、夜、**塾**の**講師**をしていますので」

⑤「**掲示板**に出てた企業内研修のプログラム、あれに申し込んでみようと思う」「でも、教授の**推薦**が必要なんでしょ？　どの先生に頼むの？」

ドリル

1）a、bのうち、正しいほうを一つ選びなさい。

①第三小学校の本校舎では、約 300 人の（a. 児童　　b. 同級生）が勉強することができる。

②大学に合格したら、理工学部で物理学を（a. 専攻　　b. 実習）するつもりだ。

③この授業では、発表させたり、学生同士で（a. 批評　　b. 討論）をさせたりすることが多い。

④「田中君、最近、見ないね」「学費が払えなくなったから（a. 休講　　b. 退学）したって聞いたよ」

⑤「原先生の授業、どの教室だったっけ」「あの（a. 校庭　　b. 校舎）の 3 階、301 だよ」

2）つぎの（　　　）に合うものを a～e の中から一つ選びなさい。

①へー、この美術館でも（　　　）があるんだ。助かるね。

②「君と同じ学部の松本さんって知ってる？」「知らないなあ。（　　　）が違うんじゃないかなあ」

③大学で得た（　　　）は、全部じゃなくても、必ずどこかで役立つと思う。

④来週の試験の（　　　）は、テキストの 55 ページから 120 ページまでです。

a. 学割	b. 範囲	c. 学科	d. サークル	e. 知識

3）つぎの（　　　）に合うものを a～e の中から一つ選びなさい。

①レポートを書くときにほかの人の論文を（　　　）する場合は、必ず著者名を書いてください。

②今の家は大学から遠くて（　　　）が大変だから、もっと近いところに引っ越したい。

③アンケートの回答を（　　　）して、年齢ごとにグラフを作ってください。

④彼女は 1 年間大学を（　　　）して、アメリカへ英語の勉強に行くらしい。

a. 休学	b. 通学	c. 引用	d. 整理	e. 学問

13 仕事①
しごと
work①／工作①／일①

●求人（きゅうじん）　job offer／招聘／구인

就職（する）（しゅうしょく）　getting a job／就职／취직(하다)

▶就職活動（かつどう）　job hunting／就职活动／취직활동

求人（きゅうじん）　job offer／招聘／구인

募集（する）（ぼしゅう）　recruitment／招聘／모집(하다)

▶急募（きゅう）　urgent recruitment／紧急招聘／급모

問い合わせる（とあ）　to inquire／询问／문의하다

▶問い合わせがある　to have an inquiry／有咨询／문의가 있다

応募（する）（おう）　application／应聘／응모(하다)

履歴書（りれきしょ）　resume／履历书／이력서

採用（する）（さいよう）　adoption／采用／채용(하다)

雇う（やと）　to employ／雇佣／고용하다

入社（する）（にゅうしゃ）　entering a company／进入公司／입사(하다)

●条件（じょうけん）　condition／条件／조건

条件（じょうけん）　condition／条件／조건

給与〔給料〕（きゅうよ〔りょう〕）　salary [salary]／工资／급여(급료)

▶月給（げっ）　salary／月工资／월급

時給（じ）　hourly wage／一个小时的工资／시급

交通費（こうつうひ）　transportation expenses／交通费／교통비

支給（する）（しきゅう）　provision／支付／지급(하다)

収入（しゅうにゅう）　income／收入／수입

能力（のうりょく）　ability／能力／능력

問わない〔不問〕（と〔ふもん〕）　No ~ required／不问／불문하다〔불문〕

年齢制限（ねんれいせいげん）　age limit／年龄限制／연령제한

見習い（みなら）　apprentice／见习／견습,수습

▶見習う　to emulate／实习／배우다

●働き方（はたらかた）　way of working／工作方式／근무형태

勤務（する）（きんむ）　to work (for, in)／工作／근무(하다)

フリーター　"freeter", part-time worker／自由职业／직업을 가지지 않고 아르바이트로 생활하는 사람

夜勤（や）　night duty／晚班／야근

シフト　shift／工作安排表／시프트

作業（する）（さぎょう）　work／操作／작업(하다)

●転職・退職（てんしょく　たい）　change of job, resignation／改行・退休／전직 퇴직

転勤（てんきん）　transfer／调动工作／전근

転職（する）（てんしょく）　change of job／改行／전직(하다)

退職（する）（たいしょく）　resignation／退休、退职／퇴직(하다)

失業（する）（しつぎょう）　unemployment／失业／실직(하다)

●その他（た）

職業（しょくぎょう）　occupation／职业／직업

ビジネス　business／商业／비즈니스

商売（しょうばい）　business／买卖／장사

リストラ（する）　restructure／裁员／구조조정(하다)

13 🎧 **例　文**（れい　ぶん）

①今度はじめたバイトは、ちょっときついけど**時給**がいいんです。

②「**募集広告**を見たんですが、**応募する**にはどうすればいいでしょうか」「まず面接をしますので、その際に写真を貼った**履歴書**をお持ちください」

③「**経験者**じゃないとだめなのかなあ」「いや、大丈夫みたいだよ。ここに"**経験は問わない**"って書いてある」

④また何かわからないことなどがありましたら、お気軽にお**問い合わせ**ください。

⑤「その新聞はけっこう**求人情報**が載ってるでしょ？」「うん。でも、あまりいい**条件**のはないなあ」

ドリル

1）a、bのうち、正しいほうを一つ選びなさい。

①この会社では、交通費は1日1000円まで（a. 収入　　b. 支給）される。

②はじめの2週間は（a. 研修　　b. 商売）期間ということで、時給が少し低くなります。

③〈広告〉主婦や大学生の方も歓迎。経験は（a. 問い合わせ　　b. 問い）ません。

④単純な（a. 能力　　b. 作業）だから、仕事はすぐに覚えられるよ。

⑤今の会社に（a. 転職して　　b. 退職して）、だいぶ楽になりました。

2）つぎの（　　　）に合うものをa〜eの中から一つ選びなさい。

①今日は（　　　）なので、勤務は夕方の6時からです。

②勤務（　　　）は表にしてここに貼ってありますので、確認しておいてください。

③（　　　）を続けていますが、なかなか決まりません

④仕事の内容は大体わかるけど、給料とかの勤務（　　　）はどこに書いてあるんだ？

a. 条件	b. 転勤	c. シフト	d. 夜勤	e. 就職活動

3）つぎの（　　　）に合うものをa〜eの中から一つ選びなさい。

①こういう仕事は全然やったことがないんだけど、（　　　）かなあ。

②営業部で新しい人を（　　　）が、なかなか応募がありません。

③世の中厳しいからね。ぼくだって、いつ（　　　）かわからない。

④夏のボーナスが（　　　）と聞いて、ほっとした。

a. 問い合わせる	b. リストラされる	c. 募集している	d. 支給される	e. 雇ってくれる

●組織 （そしき）　organization ／ 组织 ／ 조직

上司（じょうし）	boss ／ 上司 ／ 상사
▶目上（めうえ）	superior ／ 地位高的人 ／ 윗사람
部下（ぶか）	subordinate ／ 下属 ／ 부하
同僚（どうりょう）	co-worker ／ 同事 ／ 동료
出世（する）（しゅっせ）	to succeed (professionally) ／ 成功 ／ 출세(하다)
昇進（する）（しょうしん）	promotion ／ 晋升 ／ 승진(하다)
新入社員（しんにゅうしゃいん）	new employee ／ 新入职员 ／ 신입사원
責任者（せきにんしゃ）	person in charge ／ 责任人 ／ 책임자
従業員（じゅうぎょう）	employee ／ 公司职员 ／ 종업원
会社の体制（かいしゃ たいせい）	company system ／ 公司的体制 ／ 회사체제
組織に属する（ぞく）	to belong to the organization ／ 属于组织 ／ 조직에 속하다
わが社	our company ／ 我们公司 ／ 우리 회사
当社（とう）	our company, we ／ 本公司 ／ 당사, 폐사
スタッフ	staff ／ 工作人员 ／ 스태프
職場（しょくば）	workplace ／ 工作单位 ／ 직장
オフィス	office ／ 办公室 ／ 오피스

●仕事 （しごと）　work ／ 工作 ／ 일

ミーティング	meeting ／ 会议 ／ 미팅
打ち合わせ（う あ）	meeting ／ 会议 ／ 미리 상의함
ミス	mistake, error ／ 错误 ／ 미스
アイデア／案を出す（あん だ）	to come up with ideas ／ 出主意/出点子 ／ 아이디어/안을 내다
提案（する）（てい）	suggestion ／ 提出建议 ／ 제안(하다)
企画（きかく）	plan, project ／ 企划 ／ 기획

検討（する）（けんとう）	consideration, scrutiny ／ 讨论 ／ 검토(하다)
実行（する）（じっこう）	practice ／ 实行 ／ 실행(하다)
作業に集中（する）（さぎょう しゅうちゅう）	to concentrate on work ／ 集中精神工作 ／ 작업에 집중(하다)
処理（する）（しょり）	treatment, processing ／ 处理 ／ 처리(하다)
契約（する）（けいやく）	contract ／ 契约 ／ 계약(하다)
指示（する）（しじ）	instructions ／ 指示 ／ 지시(하다)
調整（する）（ちょうせい）	adjustment ／ 调整 ／ 조정(하다)
応対（する）（おうたい）	receiving, dealing with ／ 应对 ／ 응대(하다)
担当（する）（たんとう）	in charge ／ 担当 ／ 담당(하다)
変更（する）（へんこう）	change ／ 变更 ／ 변경(하다)
報告（する）（ほうこく）	report ／ 报告 ／ 보고(하다)
仕事を引き受ける（ひ う）	to undertake work ／ 接受工作 ／ 일을 맡다
やる気がある（き）	to be motivated ／ 有干劲 ／ 할 마음이 있다
電話を取り次ぐ（でんわ と つ）	to take calls ／ 转达电话 ／ 전화를 연결하다
電話を保留にする（ほりゅう）	to put a call on hold ／ 保留电话 ／ 전화를 보류하다
席をはずす（せき）	to leave one's seat ／ 离开座椅 ／ 자리를 뜨다
休憩（する）（きゅうけい）	break ／ 休息 ／ 휴식(하다)
さぼる	to slack off ／ 怠工 ／ 빠지다
徹夜（する）（てつや）	staying up all night ／ 熬夜 ／ 철야(하다)
休暇（か）	holiday ／ 休假 ／ 휴가

例文（れいぶん）

① 従業員がたった8人の小さな会社ですから、オフィスも、こことあと一部屋だけなんです。

② この問題にどう対応するか、会社の方針がまだ決まってないみたいですね。

③ 急なお客様だったので、とりあえず私が応対しました。

④ いつも世話になっている青木さんの頼みなので、その仕事を引き受けることにしました。

⑤「山田部長はいらっしゃいますか」「いえ、山田はただいま席を外しております」

ドリル

1）a、bのうち、正しいほうを一つ選びなさい。

①（a. オフィス　　b. 組織）内は禁煙なので、タバコを吸いたい人は外でお願いします。

② 1週間の（a. 休憩　　b. 休暇）をとったので、海外旅行に行ってきます。

③（a. 部下　　b. 目上）の人と話すときには、失礼にならないように注意してください。

④ 彼はずいぶん（a. やる気がある　　b. さぼる）みたいだね。毎日楽しそうに仕事をしている。

⑤ その仕事の（a. 許可　　b. 担当）は田中さんなので、彼女に聞いてもらえますか。

2）つぎの（　　）に合うものをa～eの中から一つ選びなさい。

① 誰からもいい（　　）が出ず、会議は長引くばかりだった。

② 仕事が終わらない。このままだと、今日は（　　）になりそうだ。

③ 黄色いジャンパーを着ているのが、当社の（　　）です。

④ 今の会社の（　　）では、なかなか仕事を休むことができない。

a. 体制	b. スタッフ	c. 案	d. 処理	e. 徹夜

3）つぎの（　　）に合うものをa～eの中から一つ選びなさい。

① 今日はこの仕事に（　　）、5時までに終わらせようと思う。

② 電話を（　　）くれた人は、新入社員のようだった。

③ 山田さんはどんどん（　　）、今では課長になりました。

④ 打ち合わせの時間を（　　）もらいたいんだけど、大丈夫？

a. 変更して	b. 議論して	c. 出世して	d. とりついで	e. 集中して

15 能力・評価
のうりょく　ひょうか

ability・reputation ／ 能力・评价 ／ 능력 평가

●基準
きじゅん
standard ／ 基准 ／ 기준

学力 がくりょく	academic ability ／ 学习能力 ／ 학력
能力 のう	ability ／ 能力 ／ 능력
性能 せい	performance ／ 性能 ／ 성능
価値 かち	value ／ 价值 ／ 가치
基準	standard ／ 基准 ／ 기준
標準 ひょう	standard ／ 标准 ／ 표준

●分析・結果
ぶんせき　けっか
analysis, result ／ 分析・结果 ／ 분석 결과

結果 けっか	result ／ 结果 ／ 결과
結論 けつろん	conclusion ／ 结论 ／ 결론
成績がいい せいせき	good grades ／ 成绩好 ／ 성적이 좋다
評判が悪い ひょうばん　わる	bad reputation ／ 评判不好 ／ 평판이 나쁘다
予測（する） よそく	prediction ／ 预测 ／ 예측(하다)
測定（する） てい	measurement ／ 测定 ／ 측정(하다)
採点（する） さいてん	marking ／ 评分 ／ 채점(하다)
批評（する） ひ	review ／ 批评 ／ 비평(하다)
評価（する） か	evaluation ／ 评价 ／ 평가(하다)
判断（する） はんだん	judgment ／ 判断 ／ 판단(하다)
比較（する） ひかく	comparison ／ 比较 ／ 비교(하다)
分析（する） ぶんせき	analysis ／ 分析 ／ 분석(하다)
採用（する） よう	adoption ／ 采用 ／ 채용(하다)

●評価
ひょうか
evaluation ／ 评价 ／ 평가

惜しい お	regrettable, disappointing ／ 可惜 ／ 아깝다
有効（な） ゆうこう	effective ／ 有效的 ／ 유효한

不利（な） ふり	disadvantage ／ 不利 ／ 불리
不満（な） まん	dissatisfaction ／ 不满 ／ 불만
満足（する） ぞく	satisfaction ／ 满足 ／ 만족(하다)
微妙（な） びみょう	delicate ／ 微妙的 ／ 미묘한
優秀（な） ゆうしゅう	excellent ／ 优秀的 ／ 우수한
有能（な） ゆうのう	capable, talented ／ 有能力的 ／ 유능한
利口（な） りこう	intelligent ／ 聪明的 ／ 영리한
正確（な） せいかく	correct ／ 正确的 ／ 정확한
見事（な） みごと	wonderful ／ 出色的 ／ 훌륭한
質が高い しつ　たか	high quality, well-made ／ 品质好的 ／ 질이 높다
実力がある じつりょく	capable ／ 有实力 ／ 실력이 있다
才能がある さい	talented ／ 有能力 ／ 재능이 있다
ばからしい	stupid, absurd ／ 愚蠢的 ／ 시시하다

●その他
た

理想 りそう	ideal ／ 理想 ／ 이상
差別（する） さべつ	discrimination ／ 差别 ／ 차별(하다)
参考にする さんこう	to refer to ／ 参考 ／ 참고가 되다
尊重（する） そんちょう	respect ／ 尊重 ／ 존중(하다)
信用（する） しんよう	trust ／ 信用 ／ 신용(하다)
推薦（する） すいせん	recommendation ／ 推荐 ／ 추천(하다)

例文（れいぶん）

① みんな遊んでいるのに、私だけ真面目に仕事をするなんて**ばからしい**と思いませんか。

② 「あと少しで合格だったのに、**惜しかった**ね」「うん。あと１点だったんだよ」

③ このプログラムがあれば、売上データを簡単に**分析する**ことができます。

④ 世間の**評価**はそんなに高くないようですが、私はすごく面白い本だと思いました。

⑤ 詳しい資料を見てから、どうするか**判断し**たいと思います。

ドリル

1）a、bのうち、正しいほうを一つ選びなさい。

① 「病院は行った？」「うん。今日の検査の（a. 採点　　b. 結果）は、月曜にわかるって」

② 当日の天気を見て、開催するかどうかを（a. 判断する　　b. 批評する）予定です。

③ 毎日勉強しているのに、なかなか（a. 成績　　b. 評判）が上がりません。

④ 田中さんの家のポチは（a. 有能　　b. 利口）で、毎朝、新聞を運んでくれます。

⑤ 彼に（a. 才能　　b. 優秀）があるのはもちろん、努力をしたからこその入賞です。

2）つぎの（　　）に合うものをa〜eの中から一つ選びなさい。

① 今の部屋に（　　）があるわけではありませんが、引っ越そうかと思っています。

② あの店、最近（　　）いいんだよ。ちょっと入ってみない？

③ いま、ダイエット中なんだ。（　　）の体重まで、あと３キロ。

④ ホームページを作るなら、この本を（　　）にするといいよ。

a. 実力	b. 理想	c. 参考	d. 不満	e. 評判
じつりょく	りそう	さんこう	ふまん	ひょうばん

3）つぎの（　　）に合うものをa〜eの中から一つ選びなさい。

① 先生が（　　）していたこの本、私にはちょっと難しすぎる。

② ノートパソコンの電池がどのくらい持つか、実際に（　　）してみました。

③ 林さんとは考えが合わないことが多いのですが、彼の意見も（　　）するようにしています。

④ 渋滞（　　）の情報が必要なので、ラジオをつけています。

a. 差別	b. 予測	c. 尊重	d. 測定	e. 推薦
さべつ	よそく	そんちょう	そくてい	すいせん

16 パソコン・プリンターなど

computers, printers etc.／电脑・打印机等／컴퓨터 프린터 등

●ネット　net, internet／网络／인터넷

（ウェブ）サイト　site, website／网页／웹 사이트

アクセス（する）　access／连接网络／접속(하다)

検索（する）　けんさく　search／检索／검색(하다)

お気に入り　き　い　bookmark／收藏／즐겨찾기

つなぐ　to connect／链接／연결하다

接続（する）　せつぞく　connection／连结／접속(하다)

ブログ　blog／博客／블로그

掲示板　けい　じ　ばん　bulletin board／发帖处／게시판

パスワード　password／密码／비밀번호

●ファイル・データ　file, data／文件・数据／파일 데이터

音声　おんせい　sound／声音／음성

画像　が　ぞう　image／图像／화상

映像　えい　video, picture／影像、图像／영상

ダウンロード（する）　to download／下载／다운로드(하다)

データ　data／数据／데이터

▶**入力（する）**　にゅうりょく　to input／输入／입력(하다)

保存（する）　ほ　ぞん　preservation／保存／보존(하다)

表示（する）　ひょう　じ　indication／表示／표시(하다)

変換（する）　へんかん　conversion／变换／변환(하다)

コピー＆ペースト　copy & paste／复制&粘贴／복사 & 붙이기

クリック（する）　to click／点击／클릭(하다)

●メール　email／邮件／메일

件名　けんめい　title／邮件名称／제목

転送（する）　てんそう　transfer／转发／전송(하다)

添付（する）　てん　ぷ　attachment／添加／첨부(하다)

●その他　た

ソフト（ウェア）　software／软件／소프트웨어

ウイルス　virus／病毒／바이러스

感染（する）　かんせん　infection／感染／감염(하다)

プリンター　printer／打印机／프린터

インク　ink／油墨／잉크

用紙が切れる　よう　し　き　run out paper／缺纸张／용지가 다되다

画面　が　めん　screen／画面／화면

機能（する）　き　のう　function／功能／기능(하다)

例文（れいぶん）

①「おかしいなあ。**ネット**につながらない」「電源（でんげん）が入（はい）ってないんじゃないの？」

②旅行（りょこう）で撮（と）った写真（しゃしん）を送（おく）るから、**メールアドレス**教（おし）えてくれない？

③「その人（ひと）の**お気（き）に入（い）り**を見（み）ると、趣味（しゅみ）がよくわかるよね」「確（たし）かに。ぼくの場合（ばあい）、サッカー関係（かんけい）の**サイト**ばかりだよ」

④「次（つぎ）の**画面（がめん）**にはどうやったら進（すす）むの？」「そこに**パスワード**を入力（にゅうりょく）するんだよ」

⑤青木（あおき）さんからメールが来（き）たら、私（わたし）にも**転送（てんそう）**しておいてくれる？

ドリル

1）a、bのうち、正（ただ）しいほうを一（ひと）つ選（えら）びなさい。

①パスワードを（a. 変換（へんかん）　　b. 入力（にゅうりょく））したら、「決定（けってい）」をクリックしてください。

②「最近（さいきん）ブログ始（はじ）めたの？」「うん。僕（ぼく）の名前（なまえ）で（a. 保存（ほぞん）　　b. 検索（けんさく））すると、すぐに見（み）つかるよ」

③そんなに面倒（めんどう）な作業（さぎょう）じゃありません。この３つのファイルから、関係（かんけい）ある部分（ぶぶん）を（a. アクセス　　b. コピー＆ペースト）すればいいだけです。

④この（a. 画像（がぞう）　　b. 画面（がめん)）はサイズが大（おお）きいから、ダウンロードに時間（じかん）がかかるよ。

⑤この間（あいだ）の写真（しゃしん）は、メールに（a. 接続（せつぞく）して　　b. 添付（てんぷ）して）送（おく）りますね。

2）つぎの（　　　）に合（あ）うものをa〜eの中（なか）から一（ひと）つ選（えら）びなさい。

①誰（だれ）からかわからないメールは、（　　　）に感染（かんせん）するかもしれないから、消（け）したほうがいいよ。

②このプリンター、便利（べんり）なんだけど（　　　）が高（たか）いんだよね。

③この掲示板（けいじばん）には、パソコンだけじゃなく、携帯電話（けいたいでんわ）からも（　　　）できるよ。

④どうしよう。大事（だいじ）な調査（ちょうさ）（　　　）なのに、間違（まちが）えて消（け）してしまった。

> a. アクセス　　b. ウイルス　　c. インク　　d. データ　　e. ウェブサイト

3）つぎの（　　　）に合（あ）うものをa〜eの中（なか）から一（ひと）つ選（えら）びなさい。

①もうすぐプリンターの（　　　）が切（き）れそうだから、500枚入（まいい）りのを１つ買（か）っておいて。

②「新（あたら）しいパソコンはどう？」「うん、便利（べんり）な（　　　）がいろいろ付（つ）いてて、いいよ」

③「このファイル、消（け）してもいい？」「あ、だめ。名前（なまえ）をつけて（　　　）しておいて」

④「このパソコン、すごく画面（がめん）が大（おお）きいね」「おかげで（　　　）もすごくきれいに見（み）られるよ」

> a. 用紙（ようし）　　b. 機能（きのう）　　c. 接続（せつぞく）　　d. 映像（えいぞう）　　e. 保存（ほぞん）

問題1 （　　　）に入れるのに最もよいものを、1・2・3・4から一つ選びなさい。

① うちは田舎（いなか）だから、学校まで電車とバスを（　　　）1時間半かかるんだ。
　　1　乗り越して　　　2　乗り過ごして　　　3　乗り遅れて　　　4　乗り継いで

② 「田中さん、もう帰っちゃった？」「さっき出たばかりだから、走れば（　　　）よ。」
　　1　追い越す　　　2　追いつく　　　3　すれ違う　　　4　通過する

③ この先は工事をしているから（　　　）をしなければならない。
　　1　回り道　　　2　道順　　　3　車道　　　4　通路

④ 日本は海に（　　　）国なので、夏になるとあちこちで海水浴ができる。
　　1　囲まれている　　2　接している　　3　面している　　4　沿（そ）っている

⑤ ブログに（　　　）を書いているけれど、なかなか読んでくれる人がいない。
　　1　イラスト　　　2　エッセイ　　　3　コレクション　　　4　アニメ

⑥ この学校のグラウンドは、フリーマーケットなどの（　　　）にも使われている。
　　1　集まり　　　2　催（もよお）し　　　3　劇　　　4　講演

⑦ このファイルはたくさんポケットがついていて、資料の（　　　）に便利だ。
　　1　調査　　　2　整理（せいり）　　　3　分析（ぶんせき）　　　4　引用

⑧ 「ネットの（　　　）情報を見たんですが」「あいにく、もう募集は終わったんですよ」
　　1　求人　　　2　急募　　　3　就職　　　4　勤務

⑨ 大阪からこちらへ（　　　）してきた田中と申します。よろしくお願いします。
　　1　出世　　　2　昇進（しょうしん）　　　3　転勤　　　4　担当

⑩ 「このパソコン最近調子悪いんだよね」「（　　　）に感染（かんせん）したんじゃないの？」
　　1　アクセス　　　2　サイト　　　3　ウイルス　　　4　インク

問題2 ______ に意味が最も近いものを、1・2・3・4から一つ選びなさい。

① 何かいい<u>アイディア</u>はありませんか。
　　1　案　　　　　　　　2　絵　　　　　　　　3　食品　　　　　　　　4　機会

② 彼の技術は、<u>素人</u>とは思えない。
　　1　アルバイト　　　　2　フリーター　　　　3　ボランティア　　　　4　アマチュア

③ じゃ、あした図書館前の<u>停留所</u>で会おう。
　　1　改札　　　　　　　2　ビル　　　　　　　3　バス停　　　　　　　4　駐車場

④ 営業部では、2人<u>雇う</u>ことになった。
　　1　応募する　　　　　2　採用する　　　　　3　応対する　　　　　4　残業する

問題3 次の言葉の使い方として最もよいものを、一つ選びなさい。

① 惜しい
　　1　あと1点で合格だったのに。惜しいなあ。
　　2　ゆうべは徹夜で残業して、すごく惜しかった。
　　3　きのう彼女とけんかして、惜しくて眠れなかった。
　　4　そんな惜しい考えじゃ、世間に通用しないよ。

② 評価
　　1　「きのうのテスト、どうだった？」「私がいちばん評価がよかったよ」
　　2　上司の評価が低いせいで、なかなか昇進できない。
　　3　君も頑張っているけど、田中君と評価すると、まだまだだな。
　　4　彼の奥さんは美人で優しいから、近所でも評価がいい。

③ 真上
　　1　「田中さんの部屋、何号室？　私は202号室」「君の真上だよ。302号室だ」
　　2　会社の真上にタクシーが止めてありますから、それに乗ってください。
　　3　この山の真上から、とてもきれいな景色が見られますよ。
　　4　真上の人と話すときは、言葉づかいに気をつけないと。

●表・グラフ
（ひょう）
table, graph ／ 表・图表 ／ 표· 그래프

グラフ	graph ／ 图表 ／ 그래프
図（ず）	diagram ／ 图 ／ 그림
図形（けい）	figure, graphic ／ 图形 ／ 도형
表	table, chart ／ 表 ／ 표

●単位
（たんい）
unit ／ 単位 ／ 단위

～位（い）	~th ／ ～位 ／ ~위
～別（べつ）	by ~ ／ ～分类 ／ ~별

例：男女別、年齢別、国別
（だんじょ）（ねんれい）（くに）

～率（りつ）	percentage, rate ／ ～率 ／ ~률

例：合格率、増加率、乗車率
（ごうかく）（ぞうか）（じょうしゃ）

～割（わり）	unit of 10 percent ／ ～成 ／ ~ 할
～以上（いじょう）	and above ／ ～以上 ／ ~ 이상
～以下（か）	and below ／ ～以下 ／ ~ 이하
～未満（みまん）	under ／ 未満～ ／ ~ 미만
～以降（こう）	from~ ／ ～以后 ／ ~ 이후

例：10時以降、4月以降
（じ）（がつ）

●調査・結果
（ちょうさ）（けっか）
research, result ／ 调查・结果 ／ 조사 결과

アンケート	survey ／ 问卷调查 ／ 앙케트
対象（たいしょう）	subject ／ 对象 ／ 대상
調査（する）（ちょうさ）	survey ／ 调查 ／ 조사
統計（する）（とうけい）	statistics ／ 统计 ／ 통계
分類（する）（ぶんるい）	classification ／ 分类 ／ 분류
実施（する）（じっし）	conduct, enforce ／ 实施 ／ 실시
占める（し）	to occupy, account for ／ 占 ／ 차지하다

例：80%〔8割〕/大部分を占める
（わり）（だいぶぶん）

割合（あい）	ratio, proportion ／ 比例 ／ 퍼센트
平均（する）（へいきん）	average ／ 平均 ／ 평균
比較（する）（ひかく）	comparison ／ 比较 ／ 비교
（～に）次ぐ（つ）	to come after ／ 次于、亚于 ／ 잇다

例：～に次ぐ成績/人気/大きな事故
（せいせき）（にんき）（おお）（じこ）

（～に）等しい（ひと）	equal, equivalent ／ 等于 ／ 같다
ピーク	peak ／ 高峰 ／ 피크
～強（きょう）	a little over ／ ～多 ／ ~강
⇔～弱（じゃく）	a little under ／ ～少 ／ ~약

例：1万人弱、1万人強
（まんにん）

●変化
（へんか）
change ／ 変化 ／ 변화

追い付く（おつ）	to catch up ／ 追赶、撵上 ／ 따라붙다
追い越す（こ）	to overtake ／ 赶过、超过 ／ 추월하다
増加（する）（ぞうか）	increase ／ 増加 ／ 증가
⇔減少（する）（げんしょう）	decrease ／ 减少 ／ 감소
超える（こ）	to exceed ／ 超过、胜过 ／ 넘다
達する（たっ）	to reach ／ 到达 ／ 도달하다
並ぶ（なら）	to match, equal ／ 相同、匹敌 ／ 나란히 서다
伸びる（の）	to increase, grow ／ 长进、(能力)提高 ／ 늘다
低下（する）（ていか）	fall ／ 降低 ／ 저하
逆転（する）（ぎゃくてん）	sudden reversal ／ 逆转 ／ 역전
急増（する）（きゅうぞう）	sudden increase ／ 急速増加 ／ 급증
横ばい（よこ）	tapering off ／ 平稳、持平 ／ 변화없음
次第に（しだい）	gradually ／ 渐渐地 ／ 차츰
徐々に（じょじょ）	slowly ／ 慢慢地 ／ 서서히

例 文

① 「林さん、最近体調はどうかなあ？」「うん、**次第**によくなってきているそうだよ」
② 「誰でもこの仕事ができますか」「いいえ、20歳**未満**の人はできません」
③ この大学では、3000人**弱**の学生が学んでいる。
④ 冬になると、風邪をひく人が**急増**する。
⑤ 来月、政治についての**アンケート調査**が**実施**される。

ドリル

1）a、bのうち、正しいほうを一つ選びなさい。

① これは、この会社の社員の人数を、年齢（a. 別　　b. 率）に表したグラフです。
② 今月になって、急に気温が（a. 減少　　b. 低下）した。
③ 3月末は、一年の中で忙しさが（a. ピーク　　b. 強）になる。
④ この数年、売上にあまり変化がなく、（a. 横ばい　　b. 徐々に）の状態が続いている。
⑤ 来週の月曜日（a. 以上　　b. 以降）は、申し込むことができません。

2）つぎの（　　）に合うものをa～eの中から一つ選びなさい。

① 去年1年間で、この遊園地の入場者数が10万人に（　　）。
② A社の売上は、3年かかってやっとB社に（　　）。
③ この会社で働く女性の人数が、男性の人数を（　　）。
④ この5年間で、輸入と輸出の量が（　　）。

a. 並んだ	b. 達した	c. 占めた	d. 追い越した	e. 逆転した

3）つぎの（　　）に合うものをa～eの中から一つ選びなさい。

① 各社の新製品について、機能やデザインを（　　）してみた。
② この工場で作られる製品は、大きく3つに（　　）することができます。
③ これは、すべての国民を対象に調査を行い、（　　）を取ったものです。
④ このグラフは、年代別に、たばこを吸う人の（　　）を示したものです。

a. 統計	b. 分類	c. 割合	d. 平均	e. 比較

どんな気持ち？
How do you feel?／怎样的心情?／어떤 기분?

●動詞（プラスのイメージ）
verb (positive image)／动词(好印象)／동사(플러스 이미지)

納得する（なっとく）	to understand／理解／납득하다
熱中する（ねっちゅう）	to get absorbed／热衷／열중하다
好む（この）	to like／喜欢／좋아하다
ほっとする	to get relieved／放心／안심하다
興奮する（こうふん）	to get excited／兴奋／흥분하다

●動詞（マイナスのイメージ）
verb (negative image)／动词(坏印象)／동사(마이너스 이미지)

あきらめる	to give up／断念／포기하다
あきる	to get tired／厌烦／질리다
嫌がる（いや）	to hate／讨厌／싫어하다
うんざりする	to get tired／腻烦／진저리나다
恐れる（おそ）	to be afraid, to fear／害怕／두려워하다
落ち込む（お・こ）	to depressed／气馁／풀이 죽다
悔やむ（く）	to regret／后悔／후회하다
軽蔑する（けいべつ）	to look down／轻视／경멸하다
ためらう	to hesitate／犹豫／주저하다
悩む（なや）	to troubled／烦恼／고민하다
あせる	to get impatient／着急／조바심하다
あわてる	to get upset／惊慌／당황하다

●形容詞（プラスのイメージ）
adjective(positive image) ／形容词(好印象) ／형용사(플러스 이미지)

懐かしい（なつ）	nostalgic／怀念／그립다
機嫌がいい（きげん）	to be in a good mood／心情好／기분이 좋다

●形容詞（マイナスのイメージ）
adjective(negative image) ／形容词(坏印象) ／형용사(마이너스 이미지)

面倒な（めんどう）	troublesome／麻烦的／귀찮은
うっとおしい	annoying／阴郁的／답답하다, 귀찮다
悔しい（くや）	just one step away from, close／遗憾的／분하다
つらい	bitter, hard／痛苦的／괴롭다
憎い（にく）	hateful／可憎的／밉다
憎らしい	spiteful／可恨的／밉살스럽다
みじめな	miserable／可怜的／비참한

●その他（いろいろな気持ち）
other(various feelings) ／其它(各种各样的心情)／그 밖(여러 기분)

夢中（む ちゅう）	to be crazy about／入迷／열중
強気（つよ き）	to be aggressive／好胜／강경함
弱気（よわ き）	to be discouraged／软弱／마음이 약함
気が楽（き らく）	to feel easy／轻松／마음이 편함
気分がいい（ぶん）	to feel good／心情好／기분이 좋다
余裕がある/ない（よ ゆう）	to have room for / have no room for／从容不迫/紧张的／여유가 있다/없다
嫌になる（いや）	to become fed up／讨厌／싫어지다
気が重い（おも）	to feel depressed／心事重重／마음이 무겁다
軽い気持ち（かる）	with no particular motive／轻松的心情／가벼운 기분
やむを得ない（え）	unavoidable／不得不／어쩔 수 없다
疑問だ（ぎ もん）	questionable／疑问／의문이다
不思議だ（ふ し ぎ）	wondering, strange ／不可思议／이상하다, 신기하다

①「田中さん、また文句言ってたの？」「そうなんだよ。毎日聞かされるから、**うんざりする**」

②「年賀状を書くかわりに、メールで新年のあいさつをする人が増えてるね」「うん。でも、そういうのを**好まない**人もいるよね」（「年賀状を全部印刷で済ませる人もいるけど、そういうのを好まない人もいるからなあ」「うん。私は必ず、宛て名は手書きにする」）

③「ああ、また合格できなかったよ」「そんなに**落ち込まない**で。次、頑張ればいいじゃない」

④「今回は担当じゃないから、**気が楽**だよ」「いいですね。こっちは大変ですよ」

⑤**軽い気持ち**で仕事を引き受けたけど、実際にやってみたら、思った以上に大変だった。

ドリル

1）a、bのうち、正しいほうを一つ選びなさい。

①あの人は最近、仕事も家庭もうまく行っているので、気持ちに（a. 面倒　　b. 余裕）がある。

②林さんは、人が（a. 嫌がる　　b. 嫌になる）仕事でも、文句も言わずにやってくれる。

③子供たちは、（a. 夢中　　b. 熱中）になってゲームをしている。

④単純な作業を何時間もしていると、だんだん（a. あきらめて　　b. あきて）くる。

⑤試験まであと1週間しかないので、気持ちが（a. あせる　　b. あわてる）。

2）つぎの（　　）に合うものをa～eの中から一つ選びなさい。

①サッカー場の周りで、（　　）したファンが大声で騒いでいる。

②お年寄りや子供にやさしくしない人は、周りの人に（　　）されるよ。

③健康食品がたくさん売られているが、本当に効果があるのか、（　　）に感じるものも多い。

④ノーと言うだけでなく、ちゃんと理由も説明しないと、彼らは（　　）しないだろう。

a. 納得（なっとく）	b. 興奮（こうふん）	c. 弱気（よわき）	d. 疑問（ぎもん）	e. 軽蔑（けいべつ）

3）つぎの（　　）に合うものをa～eの中から一つ選びなさい。

①今日の会議で悪い報告をしなければならないので、朝から（　　）。

②こんなに失敗ばかりしていると、（　　）気持ちになってくる。

③応援しているチームが勝ったので、父は今日、すごく（　　）。

④去年は、長年飼っていた犬が死ぬという、（　　）出来事があった。

a. みじめな	b. つらい	c. 懐かしい（なつ）	d. 気が重い（きおも）	e. 機嫌がいい（きげん）

19 人と人
<ruby>人<rt>ひと</rt></ruby>と<ruby>人<rt>ひと</rt></ruby>

Interpersonal relations／人和人／사람과 사람

●〜に（プラスのイメージ）

〜に(positive image)／〜に(好印象)／〜에게(플러스 이미지)

<ruby>憧<rt>あこが</rt></ruby>れる	to long／憧憬／동경하다
<ruby>感謝<rt>かんしゃ</rt></ruby>する	to feel grateful／感謝／감사하다
<ruby>期待<rt>きたい</rt></ruby>する	to expect／期待／기대하다
<ruby>与<rt>あた</rt></ruby>える	to give／给与／주다
<ruby>任<rt>まか</rt></ruby>せる	to entrust／听任／맡기다
アドバイスする	to advise／建议／조언하다
<ruby>話<rt>はな</rt></ruby>しかける	to address／搭话／말을 걸다

<ruby>愛<rt>あい</rt></ruby>する	to love／爱／사랑하다
<ruby>頼<rt>たよ</rt></ruby>りにする	to rely／信赖／의지하다
<ruby>信<rt>しん</rt></ruby>じる	to believe／相信／믿다
<ruby>信頼<rt>しんらい</rt></ruby>する	to trust／信赖／신뢰하다
<ruby>尊敬<rt>そんけい</rt></ruby>する	to respect／尊敬／존경하다
▶<ruby>考<rt>かんが</rt></ruby>えを<ruby>尊重<rt>ちょう</rt></ruby>する	to value the idea／尊重想法／생각을 존중하다
<ruby>許<rt>ゆる</rt></ruby>す	to permit／允许／용서하다
<ruby>誘<rt>さそ</rt></ruby>う	to invite, ask~ to~／邀请／같이 가자고 하다
<ruby>招<rt>まね</rt></ruby>く	to invite／招待／초대하다

●〜に（マイナスのイメージ）

〜に(negative image)／〜に(坏印象)／〜에게(마이너스 이미지)

あきれる	to get disgusted／呆若木鸡／기가 막히다
いやみを<ruby>言<rt>い</rt></ruby>う	to say a sarcasm／说挖苦话／듣기 싫은 소리를 하다
<ruby>文句<rt>もんく</rt></ruby>を言う	to complain／发牢骚／불평을 말하다
<ruby>悪口<rt>わるくち</rt></ruby>を言う	to speak ill／说坏话／욕을 하다

●〜に（その他）

〜に(etc.)／〜に（其他）／〜에게(그 밖)

<ruby>気<rt>き</rt></ruby>をつかう	to pay attention／劳神、费心／신경을 쓰다
<ruby>従<rt>したが</rt></ruby>う	to obey／遵从／따르다
わびる	to apology／道歉／사과하다
▶おわびする	to apology／道歉／사과하다

●〜を（プラスのイメージ）

〜に(positive image)／〜を(好印象)／〜을(플러스 이미지)

かわいがる	to love, care for／疼爱／귀여워하다

●〜を（マイナスのイメージ）

〜を(negative image)／〜を(坏印象)／〜을,를(마이너스 이미지)

<ruby>甘<rt>あま</rt></ruby>やかす	to indulge／宠爱／응석을 받아 주다
うらやむ	to envy／羡慕／부러워하다
いじめる	to torment／欺负／괴롭히다
<ruby>傷<rt>きず</rt></ruby>つける	to hurt／伤害／상처를 주다
<ruby>責<rt>せ</rt></ruby>める	to blame／责备／비난하다
<ruby>怒鳴<rt>どな</rt></ruby>る	I shout／斥责／고함을 치다
だます	to deceive／欺骗／속이다
<ruby>馬鹿<rt>ばか</rt></ruby>にする	to make a fool of~／轻视／바보취급을 하다
<ruby>疑<rt>うたが</rt></ruby>う	to doubt／怀疑／의심하다

●〜を（その他）

<ruby>頼<rt>たよ</rt></ruby>る	to rely／依赖／의지하다
おどかす	to threaten／威胁／위협하다
からかう	to make fun of／戏弄／놀리다
なぐさめる	to cheer up／安慰／위로하다

例文

①仕事でミスをして落ち込んでいた時に、彼女が**なぐさめて**くれたんです。

②納得できないけど、部長の言うことには**従う**しかないよ。

③彼は今すごくやる気になっているので、少しぐらい失敗しても、あまり**責めないで**ください。

④彼女は**信頼できる**人なので、普段からよく相談するんです。

⑤「何か冷たいものでもお飲みになりますか」「いえ、大丈夫です。どうぞ、そんなに**気をつかわないで**ください」

ドリル

1）a、bのうち、正しいほうを一つ選びなさい。

①そんなに気を（a. つかわ　　b. 許さ）ないでください。お茶ぐらい自分で入れますから。

②あれだけ注意したのにまた遅刻するなんて、（a. からかう　　b. あきれる）よ。

③周りの友だちが幸せそうに見えて、つい（a. 甘やかして　　b. うらやんで）しまいます。

④ワンさんなら優勝できると思います。みんな（a. 期待して　　b. 尊重して）いますよ。

⑤彼女はいい人だけど（a. だまされ　　b. いじめられ）やすく、人の言うことをすぐに信じてしまうんです。

2）つぎの（　　　）に合うものをa～eの中から一つ選びなさい。

①田中さんは仕事はできるしいつも優しいし、後輩はみんな（　　　）います。

②彼の言うことが本当なのか、ちょっと（　　　）います。

③昨日はずいぶんひどいことを言って、彼を（　　　）しまった。

④みんなに手伝ってもらっているんだから、あまり（　　　）はいけないよ。

> a. 傷つけて　b. 憧れて　c. 疑って　d. 文句を言って　e. アドバイスして

3）つぎの（　　　）に合うものをa～eの中から一つ選びなさい。

①部長は気に入らないとすぐに（　　　）ので、みんなに嫌われています。

②文句ばかり言わないで。（　　　）ことも大切だよ。

③ちゃんと面倒を見て（　　　）から、犬を飼ってもいい？

④今度、転勤することになり、私の仕事は原さんに（　　　）ことになった。

> a. かわいがる　　b. 怒鳴る　　c. 従う　　d. 任せる　　e. 与える

言葉のいろいろな形

Various forms of words／词语的各种形式／말의 여러 가지 형태

●N(⇔V)

憧れの選手
heartthrob athlete／自己憧憬的选手／동경하는 선수

いじめをなくす
to get rid of a bully／消除欺负(现象)／괴롭힘을 없애다

結婚祝い
wedding gift／结婚贺礼／결혼 축하

荷物の受け取り
baggage pickup／收到货物／짐을 받음

がんの疑い
suspected of having cancer／怀疑患上癌症／암일 의심

10分の遅れ
10 minute delay／迟到十分钟／10분의 지각

母の教えを守る
to stand by what your mother taught you／遵循母亲的教诲／어머니의 가르침을 지키다

覚えがない
to have no recollection／没有这种记忆／기억이 없다

区切りがつく
closure occuring／告一段落／(일 등의)매듭이 지어지다

組み立て工場
assembly plant／组装工厂／조립 공장

同じことの繰り返し
repeating the same thing／重复同样的事情／같은 일의 반복

心の支え
emotional support／心的支撑／마음의 버팀목

計画の妨げ
interference with a plan／计划的阻碍／계획의 방해

騒ぎを起こす
to cause a commotion／引起骚动／소동을 일으키다

頼みをきく
to do someone a favor／答应请求／부탁을 들어주다

仕事の悩み
work-related problems／工作的烦恼／일의 고민

望みがある
to have hope／有希望／희망이 있다

思いつきで行動する
to act spontaneously／用偶尔的想法来行动／생각나는 대로 행동하다

取り扱い注意
handle with care／轻拿轻放／취급 주의

取り消しボタン
cancel button／取消键／취소 버튼

取り外しが簡単
easy to remove／取下来很简单／떼는 것이 간단

気持ちのすれ違い、すれ違いざま
to feel differently from someone else, someone that you brush past／心情的分歧、不一致的样子／마음의 엇갈림, 어긋나는 모양

●V(⇔A)

味が薄まる
to be diluted／味道变淡／맛이 싱거워지다

水で薄める
to dilute with water／用水来稀释／물로 묽게 하다

ゼリーが固まる
jelly hardening／啫喱凝固／젤리가 굳어지다

気持ちを固める、油を固める
to strengthen one's feelings, to solidify fat／坚定心情、使油凝固／마음을 굳히다, 기름을 응고시키다

発言を悔やむ
to regret something that one said／后悔发言／발언을 후회하다

赤色を好む
to prefer red／喜欢红色／붉은색을 좋아하다

日にちが早まる
to be early (date)／时间过得快／날짜가 빨라지다

時計を早める
to set a clock ahead／把时钟拨早／시계를 빠르게 하다

噂が広まる
rumor spreading／流传着传言／소문이 퍼지다

会場が静まる
quiet descending on a venue／会场寂静／회장이 조용해지다

外で涼む
to cool down outside／在外乘凉／밖에서 바람을 쐬다

●ていねいな形

よろしい＝いい／かまわない

なさる＝する

いらっしゃる＝行く／いる

かける＝すわる

例文（れいぶん）

①「ずいぶん人が多いけど、何の**騒ぎ**？」「何か事故があったみたいだね」

②仕事の**区切り**がついたから、お昼を食べに行ってくるね。

③「すみません。熱があるので、今日は早退しても**よろしいでしょうか**」「いいですよ。気をつけてください」

④「原さん、結婚するって本当？」「えー!?　もうそんな噂が**広まってる**の？　それは課長が勝手に言ってるだけだよ」

⑤「明日の待ち合わせ、時間を**早めて**くれないかなあ」「いいよ。じゃ、5時でいい？」

ドリル

1）a、bのうち、正しいほうを一つ選びなさい。

①このエアコンは、カバーの（a. 取り外し　　b. 取り扱い）が簡単なので、掃除が楽です。

②仕事の（a. 望み　　b. 悩み）について、上司に相談することにしました。

③「今度ごちそうするからお願い！」「田中さんの（a. 覚え　b. 頼み）だったら、しかたないなあ」

④「失礼します」「どうぞ、そこの席に（a. かけて　b. かかって）ください」

⑤村上先生が話し始めると、教室はいつもしーんと（a. 静まる　b. 固める）。

2）つぎの（　　　）に合うものをa〜eの中から一つ選びなさい。

①父は（　　　）で意見を言うので、毎回話の内容が違う。

②ずっと同じ作業の（　　　）で、そろそろ飽きてきました。

③やっと京都へ行くことができました。（　　　）の場所だったんです。

④夫が亡くなったあとは、子どもたちが心の（　　　）になっています。

a. 思いつき　　b. 憧れ　　c. 繰り返し　　d. 支え　　e. 受け取り

3）つぎの（　　　）に合うものをa〜eの中から一つ選びなさい。

①彼はロックやポップスよりも、クラシックを（　　　）聴いています。

②「これに水を入れるの？」「うん。水で（　　　）使う洗剤なんだ」

③部屋にエアコンがないので、図書館で本を読みながら（　　　）います。

④どうしてあんなひどいことを言ってしまったのか、今でも（　　　）います。

a. 固めて　　b. 悔やんで　　c. 薄めて　　d. 涼んで　　e. 好んで

21 意味が似ている言葉①

synonym①／意思相近的词语①／의미가 닮은 말①

●動詞 verb／动词／동사

祈る（いの） to pray／祈祷、祝愿／빌다
例：神に祈る、合格を祈る

願う（ねが） to pray／希望、期望、祈祷／바라다
例：安全/子供の幸せを願う

探す（さが） to look for／寻找／찾다
例：コンビニ/新しい部屋を探す

探る（さぐ） to look for／探、摸／더듬다、찾다
例：方法/情報を探る

蓄える（たくわ） to store／储存、储备、积蓄／모아 두다
例：知識/力を蓄える

貯める（た） to accumulate, save／积、存、积压／저축하다, 모아 두다
例：水/ポイントを貯める

混ざる（ま） to be mixed／混合／섞이다
例：色が混ざる

混じる（ま） to be mixed in with／混、杂、夹杂／섞이다
例：女性の中に男性が混じる

●い形容詞・な形容詞 i-adjective, na-adjective／い形容词・な形容词／い형용사 な형용사

うるさい noisy, loud／吵闹的、麻烦的、烦恼的／시끄럽다
例：音/話し声がうるさい、うるさい人

騒がしい（さわ） noisy, raucous／吵闹的、喧嚣的／소란스럽다
例：外が騒がしい

やかましい noisy, boisterous／嘈杂的、喧嚣的／시끄럽다
例：やかましいなあ。静かにしろよ。

かわいそう poor, pitiful／可怜的／불쌍함

気の毒（き どく） pitiful, unfortunate／可怜的、悲惨／불쌍함
例：それはお気の毒でしたね。

●副詞 adverb／副词／부사

いずれ anyway, eventually／反正、总之／어차피
例：いずれ真実が明らかになるでしょう。

そのうち soon／过些日子、一会儿、近日内／가까운 시일 내에
例：そのうちご挨拶に行きたいと思います。

やがて before long／不久／마침내
例：やがて厳しい冬が訪れます。

以前（いぜん） before／以前／이전
例：以前、ここに住んでいました。

かつて in the past／过去／일찍이
例：かつてはにぎやかでした。

一段と（いちだん） remarkably／更加、越发／더욱
例：彼女は前より一段ときれいになった

一層（いっそう） still more／越发、更加／한층
例：一層の努力が必要だ

さらに more／再、进一步／더욱
例：さらに増えている

一切～ない（いっさい） not at all／全然---没有／전혀 ～ 아니다
例：お金は一切受け取らなかった。

全く（～ない）（まった） totally／完全／완전히, 전혀
例：全く知らない、全く初めて

いつの間にか（ま） before one realizes it／不知不觉／어느 사이엔가
例：いつの間にか、雨が上がっていた。

知らないうちに without knowing it／不知不觉／모르는 사이에
例：知らないうちに、部屋が片づいていた。

おそらく perhaps／恐怕、也许、大概／틀림없이

たぶん probably／大概／아마
※意味はほとんど同じ。「たぶん」のほうが会話でよく使われる。

60

①「林さん、来ませんね。電話してみましょうか」「まあ、そのうち来るでしょう」

②「台風が近づいているそうですね」「ええ、雨も一層激しくなってきましたね」

③「隣の家、騒がしいね」「お客さんがたくさん来てるみたいだね」

④「お小遣い、もうなくなったの？」「うん。いつの間にか使っちゃってた」

⑤試験中は、辞書などは一切使うことができません。

ドリル

1）a、bのうち、正しいほうを一つ選びなさい。

①入学（a. 以前　　b. かつて）に準備することって、何がありますか。

②今朝、神社に行って、娘の大学合格を（a. 願って　　b. 祈って）きました。

③普段から、仕事に必要な知識を（a. 蓄えて　　b. 貯めて）おくことが大切だ。

④A社に勝つ方法を（a. 探す　　b. 探る）ために、A社の社長が書いた本を読んでみた。

⑤やせて弱っていた子猫が（a. かわいそう　　b. 気の毒）だったので、家に連れて帰った。

2）つぎの（　　　）に合うものをa〜eの中から一つ選びなさい。

①今は情報が少ないですが、詳しいことは（　　　）わかると思います。

②8月に入って、（　　　）暑さが厳しくなってきました。

③その話は（　　　）聞いたことがありません。

④平日の昼間でも大丈夫だと言っていたので、彼は（　　　）学生でしょう。

a. おそらく	b. 一段と	c. 知らないうちに	d. いずれ	e. 全く

3）つぎの（　　　）に合うものをa〜eの中から一つ選びなさい。

①ここは（　　　）学校があったが、現在はマンションになっている。

②将来のために、少しずつお金を（　　　）います。

③参加者はほとんど女性だったが、男性も何人か（　　　）いた。

④彼女は来週からすぐに借りられる部屋を（　　　）いる。

a. 探して	b. かつて	c. 願って	d. 混じって	e. 貯めて

●動詞 （どうし）　　verb／动词／동사

感激する（かんげき）	to be moved／感激／감격하다
感動する（かんどう）	to be impressed／感动／감동하다
広告する（こうこく）	to advertise／广告／광고하다
宣伝する（せんでん）	to publicize／宣传／선전하다
信用する（しんよう）	to trust／信用／신용하다
信頼する（らい）	to trust／信赖／신뢰하다
理解する（りかい）	to understand／理解／이해하다
了解する（りょう）	to understand／知道／알다
発達する（はったつ）	to develop／发达／발달하다
発展する（てん）	to develop／发展／발전하다

●形容詞・副詞 （けいようし　ふくし）　　adjective, adverb／形容词・副词／형용사 부사

厚かましい（あつ）	impudent／无耻的／뻔뻔하다
図々しい（ずうずう）	impudent／厚颜无耻的／뻔뻔하다
忙しい（いそが）	busy／繁忙的／바쁘다
慌ただしい（あわ）	busy／慌忙的／황망하다
遅い（おそ）	late／慢的／늦다
のろい	slow, sluggish／慢吞吞的／느리다
若い（わか）	young／年轻的／젊다
幼い（おさな）	infant, young／幼小的／어리다
心配（な）（しんぱい）	worrying, anxious／担心的／걱정(인)
不安（な）（ふあん）	uneasy／不安的／불안(한)
真剣（な）（しんけん）	serious／认真的／진지(한)
真面目（な）（まじめ）	honest／认真的／성실(한)
案外（あんがい）	unexpectedly／出乎意外／의외로
意外に（い）	unexpectedly／意外地／의외로

●名詞 （めいし）　　noun／名词／명사

気候（きこう）	climate／气候／기후
天気（てん）	weather／天气／날씨
天候（てん）	weather／天气情况／기후
基準（きじゅん）	standard／基准／기준
標準（ひょう）	standard／标准／표준
休暇（きゅうか）	holiday／休假／휴가
休憩（けい）	break／休息／휴게,휴식
休養（よう）	rest／修养／휴양
苦情（くじょう）	complaint／意见／불만
文句（もんく）	complaint／牢骚／불만을 말함
不平（ふへい）	complaint／不满／불평등
欠点（けってん）	fault／缺点／결점
短所（たんしょ）	bad point／短处／단점
施設（しせつ）	institution／设施／시설
設備（び）	facilities／设备／설비
自然（しぜん）	nature／自然／자연
天然（ねん）	nature／天然／천연
地域（ちいき）	area／地域／지역
地区（く）	district／地区／지구
地方（ほう）	district, local／地方／지방
都会（とかい）	city／城市／도회
都市（し）	city／都市／도시
評価（ひょうか）	evaluation／评价／평가
評判（ばん）	reputation／评判／평판

例文（れいぶん）

①「初めての海外出張なので、いろいろ**不安**なんです」「原さんも一緒だから、大丈夫ですよ」

②「この町は小さいのに、立派な**施設**があるんですね」「ええ。美術館もあるんですよ」

③「林さん、明日までにこの資料、準備しといてくれる？」「**了解しました**」

④〈その人をからかったりしたときに〉「あまり彼のこと、かまわないほうがいいよ」「そうね、**真面目**な人だからね」

⑤「年末はイベントが多くて、**慌**ただしいね」「ほんと。全然落ち着かない」

ドリル

1）a、bのうち、正しいほうを一つ選びなさい。

①あの選手は、海外でも高く（a. 評価　　b. 評判）されている。

②疲れたから、少し（a. 休暇　　b. 休憩）しよう。

③人間はほかの動物より脳が（a. 発展　　b. 発達）している。

④大阪は西日本の中心（a. 都市　　b. 都心）である。

⑤彼は私より２つ（a. 若い　　b. 幼い）。

2）つぎの（　　　）に合うものをa〜eの中から一つ選びなさい。

①私は部下を（　　　）していますから、このような重要な仕事も任せます。

②彼らの演奏を直接見ることができて、すごく（　　　）しました。

③この国の経済は、この10年で大きく（　　　）した。

④新聞だけじゃなく、インターネットにも（　　　）を出すつもりです。

a. 発展	b. 理解	c. 感激	d. 広告	e. 信頼
はってん	りかい	かんげき	こうこく	しんらい

3）つぎの（　　　）に合うものをa〜eの中から一つ選びなさい。

①このすし屋は、すべて（　　　）の魚を使っているそうです。

②村田先生は学生に厳しいと言われているけど、話してみると、（　　　）そうでもない。

③上の階の人が夜、うるさいので、管理人に（　　　）を言いました。

④この試験は、前回から合格の（　　　）が変わった。

a. 地方	b. 天然	c. 苦情	d. 案外	e. 基準
ちほう	てんねん	くじょう	あんがい	きじゅん

反対の意味の言葉など
はんたい　　　　　　　いみ　　　　　　ことば
antonym and others／意思相反的词语／반대 의미의 말 등

●する動詞　する-verb／する动词／する동사
どうし

延長（する）えんちょう	extending, prolonging／延长／연장
短縮（する）たんしゅく	shortening／缩短／단축
解散（する）かいさん	dissolving／解散／해산
集合（する）しゅうごう	gathering／集合／집합
拡大（する）かくだい	enlarging／扩大／확대
縮小（する）しゅくしょう	shrinking／缩小／축소
需要　じゅよう	demand／需要／수요
供給（する）きょうきゅう	supply／供给／공급
許可（する）きょか	permission／许可／허가
禁止（する）きんし	prohibition／禁止／금지
肯定（する）こうてい	affirming／肯定／긍정
否定（する）ひ	denying／否定／부정
賛成（する）さんせい	approving／赞成／찬성
反対（する）はんたい	opposing／反对／반대
成功（する）せいこう	success／成功／성공
失敗（する）しっぱい	failure／失败／실패

●形容詞　Adjective／形容词／형용사
けいようし

正常（な）せいじょう	normal／正常的／정상적인
異常（な）い	abnormal／异常的／이상한
容易（な）ようい	easy／容易的／용이한
困難（な）こんなん	difficult／困难的／곤란한
単純（な）たんじゅん	simple／单纯的／단순한
複雑（な）ふくざつ	complicated／复杂的／복잡한

●名詞　Noun／名词／명사
めいし

直接　ちょくせつ	direct／直接／직접
間接　かん	indirect／间接／간접
権利　けんり	right／权利／권리
義務　ぎむ	duty／义务／의무
内容　ないよう	content／内容／내용
形式　けいしき	form／形式／형식
原因　げんいん	reason／原因／원인
結果　けっか	result／结果／결과
理想　りそう	ideal／理想／이상
現実　げんじつ	reality／现实／현실
個人　こじん	individual／个人／개인
団体　だんたい	group／团体／단체
敵　てき	enemy／敌人／적
味方　みかた	ally／伙伴／편

●ペアになる言葉　Word paits／成对的词语／짝이 되는 말
ことば

開始（する）かいし	beginning／开始／개시
終了（する）しゅうりょう	end／结束／종료
先日　せんじつ	the other day／前几天／일전
後日　ご	the near future／后几天／후일
前日　ぜん	the day before／前一天／전날
翌日　よく	the day after／第二天、次日／다음 날
和風　わふう	Japanese／和式／일본풍
洋風　よう	Western／西式／서양풍
和室　しつ	Japanese-style room／和式房间／일본식 방
洋室　よう	Western-style room／西式房间／양실

例文（れいぶん）

①「この仕事はどんな内容？」「単純な仕事です。すぐできますよ」

②「会議の資料はどういう形式で作ったらいいですか」「これと同じ形式でお願いします」

③「この記事では事故の原因はわからないですね」「ええ。重要な部分が書かれてないですね」

④このホテルは洋風建築だけど、和室もあるみたいね。

⑤ご注文の商品は、後日、ご自宅にお送りします。

ドリル

1）a、bのうち、正しいほうを一つ選びなさい。

①機械が（a. 異常　　b. 正常）に動くようになるまで、作業はしません。

②誕生日の（a. 前日　　b. 先日）に、お祝いのカードが届いた。

③彼はよく人の意見を（a. 肯定　　b. 否定）するけど、自分の意見をはっきり言わない。

④3時10分発の電車に乗るので、3時に駅の改札に（a. 解散　　b. 集合）してください。

⑤いろいろな人と話ができるので、（a. 団体　　b. 個人）で旅行するのも好きです。

2）つぎの（　　）に合うものをa～eの中から一つ選びなさい。

①日本では、20歳未満の喫煙は（　　）されている。

②字が小さくて見えにくかったので、（　　）コピーをしました。

③この意見に（　　）の方は手を挙げてください。

④年末は特に混むので、店の営業時間も（　　）される。

a. 賛成	b. 失敗	c. 拡大	d. 禁止	e. 延長
さんせい	しっぱい	かくだい	きんし	えんちょう

3）つぎの（　　）に合うものをa～eの中から一つ選びなさい。

①父に留学を反対されたとき、母と姉が私の（　　）になってくれた。

②故障の（　　）がわからないと、修理できない。

③彼は私の（　　）通りの男性なんです。

④メールとかじゃなく、会うか電話するかして、（　　）謝ったほうがいいよ。

a. 義務	b. 理想	c. 直接	d. 味方	e. 原因
ぎむ	りそう	ちょくせつ	みかた	げんいん

音が同じ言葉
おと　おな　ことば

words having same sound／发音相同的词语／소리가 같은 말

●動詞
どうし
verb／动词／동사

コーヒーを温める
あたた
heating up coffee／加热咖啡／커피를 데우다

部屋を暖める
へ や　　あたた
heating up a room／使房间变暖／방을 덥히다

顔に表れる
かお　あらわ
showing on one's face／表现在脸上／얼굴에 나타나다

一人で現れる
ひとり　あらわ
turning up alone／一个人出现／혼자서 나타나다

写真に写る
しゃしん　うつ
coming out in a photo／在照片上显现形状和色彩／사진에 찍히다

新居に移る
しんきょ　うつ
moving to a new house／搬到新家／새집으로 옮기다

鏡に映る
かがみ　うつ
reflection in a mirror／照镜子／거울에 비추어지다

国を治める
くに　おさ
governing a country／治国／나라를 통치하다

倉庫に収める
そうこ　おさ
storing in a warehouse／放入仓库／창고에 넣다

税金を納める
ぜいきん　おさ
paying taxes／缴纳税金／세금을 내다

上から押さえる
うえ　　お
pushing down／从上面按／위에서 누르다

気持ちを抑える
き も　　おさ
controlling one's emotions／抑制情绪／기분을 억누르다

問題に解答する
もんだい　かいとう
answering questions／回答问题／문제에 답하다

アンケートに回答する
かい
responding to a survey／回答问卷调查／앙케트에 답하다

仕事に就く
し ごと　つ
taking up a job／就业／취업하다

駅に着く
えき　つ
arriving at the station／到达车站／역에 도착하다

電気が点く
でんき　つ
lights coming on／点灯／전기가 켜지다

頭を突く
あたま　つ
to poke one's head／碰脑袋／머리를 찌르다

ほこりが付く
つ
dust collecting／带有灰尘／먼지가 묻다

節約に努める
せつやく　つと
making an effort to be thrifty／勤俭节约／절약에 힘쓰다

司会を務める
し かい　つと
serving as moderator／当主持人／사회를 맡다

市役所に勤める
し やく　　つと
working at the city hall／在市政府工作／시청에 근무하다

家に友達を泊める
いえ　ともだち　と
putting up a friend at one's house／家里留宿朋友／집에 친구를 재우다

紙をクリップで留める
かみ　　　　　と
fastening papers with a clip／用别针固定纸张／종이를 클립으로 고정하다

車をとめる
くるま
stopping the car／停车／차를 세우다

熱を測る
ねつ　はか
taking one's temperature／测量体温／열을 재다

重さを量る
おも　はか
measuring weight／称重量／무게를 재다

時間を計る
じ かん　はか
measuring time／计时／시간을 재다

道が分かれる
みち　わ
a road forking／道路分开／길이 나누어지다

恋人と別れる
こいびと　わか
breaking up with a lover／和恋人分手／애인과 헤어지다

失敗を責める
しっぱい　せ
condemning a failure／责备失败／실패를 탓하다

相手チームを攻める
あい て　　　　せ
strike opponent team／攻击对方队伍／상대 팀을 공격하다

●名詞
めい し
noun／名词／명사

人口が減る
じんこう　へ
drop in population／人口减少／인구가 줄다

人工の島
こう　しま
man-made island／人工岛／인공섬

調査の対象
ちょう さ　たいしょう
subject of the survey／调查对象／조사 대상

左右対称
さ ゆう　しょう
symmetrical／左右对称／좌우 대칭

犯人の特徴
はんにん　とくちょう
a criminal's characteristics／犯人的特征／범인의 특징

製品の特長
せいひん　　ちょう
distinctive features of a product／产品的长处／제품의 특징

例　文（れい　ぶん）

①「何か嫌なことがあったの？」「わかる？　私、すぐに顔に**表れ**ちゃうのよね」

②そのシャツ、一番上のボタンは**留めない**ほうが自然な感じでいいと思う。

③「家から駅までどれくらいかかる？」「この間**計っ**たら、20分ぐらいだった」

④「うちのチームは今日は調子が悪いね」「うん。さっきから**攻められて**ばかりだね」

⑤どんな油汚れでもすぐに落とせるのが、この洗剤の**特長**です。

ドリル

1）a、bのうち、正しいほうを一つ選びなさい。

①池の水に月が（a. 移って　　b. 映って）、とてもきれいだ。

②2つのグループに（a. 分かれて　　b. 別れて）作業を進めよう。

③使い終わった道具は、ここに（a. 治め　　b. 収め）てください。

④この味は（a. 人工　　b. 人口）的に作られたものだ。

⑤電子レンジで3分（a. 暖めて　　b. 温めて）から、お召し上がりください。

2）つぎの（　　　）に合うものをa～eの中から一つ選びなさい。

①あまりに腹が立ったので、怒りを（　　　）ことができなかった。

②明日は友達を家に（　　　）ので、部屋を片付けている。

③来週の講演会では、私が司会を（　　　）ことになった。

④試験に合格しなかったからといって、自分を（　　　）必要はない。

a. 責める	b. 抑える	c. 務める	d. 泊める	e. 現れる

3）つぎの（　　　）に合うものをa～eの中から一つ選びなさい。

①バスを待っていた時、友だちが後ろから背中を（　　　）きて、びっくりした。

②あの人は変わった職業に（　　　）いる。

③おととい母に荷物を送ったが、まだ（　　　）いないようだ。

④服に食べ物の臭いが（　　　）、なかなか取れない。

a. 着いて	b. 付いて	c. 就いて	d. 点いて	e. 突いて

 実戦練習（UNIT17〜24）

問題1 （　　　　）に入れるのに最もよいものを、1・2・3・4から一つ選びなさい。

① スープを作ったが、水を入れ過ぎて味が（　　　）しまった。
　　1　広まって　　　　　2　固まって　　　　　3　薄まって　　　　　4　静まって

② 学生のアルバイトが勉強の（　　　）になると考える人もいる。
　　1　疑い　　　　　　　2　妨げ　　　　　　　3　悩み　　　　　　　4　騒ぎ

③ このソフトには、届いたメールを自動的に（　　　）してくれる機能がある。
　　1　基準　　　　　　　2　解散　　　　　　　3　種類　　　　　　　4　分類

④ 彼女が何度も同じ失敗をするので、同僚たちも（　　　）いる。
　　1　だまして　　　　　2　あきれて　　　　　3　あせって　　　　　4　うらやんで

⑤ あのスーパーは開店時間が1時間早まり、（　　　）便利になった。
　　1　一部　　　　　　　2　一階　　　　　　　3　一層　　　　　　　4　一人前

⑥ （　　　　）は大変お世話になりました。
　　1　翌日　　　　　　　2　後日　　　　　　　3　前日　　　　　　　4　先日

⑦ 車を修理しなければならないが、費用が高いので（　　　）いる。
　　1　ためらって　　　　2　たちどまって　　　3　あきて　　　　　　4　あわてて

⑧ 山下選手はとてもよく頑張ったが、残念ながら1（　　　）にはなれなかった。
　　1　割　　　　　　　　2　率　　　　　　　　3　別　　　　　　　　4　位

⑨ この地域は漁業が（　　　）産業です。
　　1　正常な　　　　　　2　純粋な　　　　　　3　主要な　　　　　　4　容易な

⑩ 彼はあまり人と話さないが、気を（　　　）いる友達には何でも話すそうだ。
　　1　許して　　　　　　2　開いて　　　　　　3　見せて　　　　　　4　頼って

問題2　______ に意味が最も近いものを、1・2・3・4から一つ選びなさい。

① 近所の人が夜中にバイクで帰って来ると、やかましくて目が覚める。

　　1　腹が立って　　　　2　気になって　　　　3　びっくりして　　　4　うるさくて

② 財布を落として困っている人がいたので、気の毒に思ってお金を貸してあげた。

　　1　かわいそう　　　　2　みじめ　　　　　　3　不幸　　　　　　　4　不安

③ 取引先に電話をかけて、請求書（せいきゅうしょ）の金額を間違えていたことをわびた。

　　1　怒った　　　　　　2　確認した　　　　　3　謝（あやま）った　　　4　伝えた

④ 今年の夏は異常（いじょう）に暑くてうんざりした。

　　1　危なかった　　　　2　不安になった　　　3　困った　　　　　　4　嫌（いや）になった

問題3　次の言葉の使い方として最もよいものを、一つ選びなさい。

① 一切

　　1　美容院で髪を一切して、パーマをかけた。

　　2　お皿の上にパンが一切乗っている。

　　3　私の父はお酒を一切飲まない。

　　4　新しい会社の同僚（どうりょう）は一切な人が多くて安心した。

② 思いつき

　　1　私の上司（じょうし）は何でも思いつきで決めるので、部下たちは困っている。

　　2　ここは私が子供のころ住んでいた町で、たくさんの思いつきがある。

　　3　長い間忘れていたことを、さっき突然思いつきをした。

　　4　この作品は3年前から考えていた思いつきを小説にしたものです。

③ 幼い

　　1　私は社会人になって2年目なので、まだ経験が幼い。

　　2　娘は同じ歳の子供に比べて、背が幼い。

　　3　自転車で日本中を旅行するなんて、体力と時間がある幼いときしかできないことだ。

　　4　あの人はもうすぐ30歳になるのに考え方が幼い。

同じ漢字を持つ言葉
おな　かんじ　も　ことば
Words that use the same kanji／相同汉字的词语／같은 한자를 갖는 말

●**不〜**　　〜でない
ふ

不可能な話、不自然な態度、不自由な生活、不
かのう　はなし　しぜん　たいど　じゆう　せいかつ
規則な動き
きそく　うご

●**無〜**　　〜がない
む

政治に無関心、事件と無関係
せいじ　かんしん　じけん　かんけい
▶**無責任な態度**　irresponsible attitude／没有责任心的态
せきにん　たいど
度／무책임한 태도
▶**無意識に答える**　to answer unconsciously／毫无意识地回
いしき　こた
答／무의식적으로 대답하다

●**未〜**　　まだ〜ない
み

未完成の作品、未確認の情報、未経験でも可
かんせい　さくひん　かくにん　じょうほう　けいけん

●**非〜**　　〜でない
ひ

非科学的、非常識な手紙、非現実的な話、非公
かがくてき　じょうしき　てがみ　げんじつてき　はなし　こう
開の資料
かい　しりょう

●**再〜**　　再び〜する
さい　ふたた

再利用、再放送、再開発、再試験、再会、再婚（再
り　よう　ほうそう　かいはつ　しけん　かい　こん
度結婚すること）
ど　けっ

●**最〜**
さい

最高新記録、最低条件、最新の設備、最大の特
こうしんきろく　ていじょうけん　さいしん　せつび　だい　とく
徴、最悪の結果
ちょう　あく　けっか

●**新〜**
しん

新製品、新品（＝まだ使ってなく、買ったばか
せいひん　ひん　つか　か

りの状態のもの）、新人（＝新しく入ってきた
じょうたい　じん　あたら　はい
人）、新入生、新婚（＝結婚したばかり）のカッ
ひと　にゅうせい　こん
プル、新築（＝建てたばかり）のマンション
ちく　た

●**本〜**
ほん

本社、本店、本日、本人、本心（本当の気持ち）
しゃ　てん　じつ　にん　しん　とう　きも
▶**本体**　　　　　main body／本体／본체
たい

●**高〜**
こう

高収入の仕事、高カロリー、高品質のカメラ、
しゅうにゅう　しごと　ひんしつ
高度な技術、高級ホテル、高得点
ど　ぎじゅつ　きゅう　とくてん

●**名〜**　　すぐれて有名である
めい　ゆうめい

名曲、名画、名作、（観光）名所、名女優、名場面
きょく　が　さく　かんこう　しょ　じょゆう　ばめん
を集めたビデオ
あつ
▶**この地方の名産**　famous local products from this region／这
ちほう　さん
个地方的特产／이 지방의 명산

●**全〜**
ぜん

全科目、全世界、全社員、全力で走る、全国大会
かもく　せかい　しゃいん　りょく　はし　こくたいかい
（⇔地方大会）、全席禁煙、全品半額
ちほう　せききんえん　ひんはんがく

●**総〜**　　すべてをひとつにまとめる
そう

日本の総人口、総売上、総額
にほん　じんこう　うりあげ　がく

●**各〜**　　それぞれの
かく

各科目、各国、各学校／各校、各社（⇔各会社の
かもく　かっこく　がっこう　しゃ　かい
意味）、各階、各回
いみ　かい　かい

●〜者
<ruby>担当<rt>たんとう</rt></ruby>者、<ruby>責任<rt>せきにん</rt></ruby>者、<ruby>消費<rt>しょうひ</rt></ruby>者、<ruby>希望<rt>きぼう</rt></ruby>者、<ruby>応募<rt>おうぼ</rt></ruby>者、<ruby>申込<rt>もうしこみ</rt></ruby>者、<ruby>受験<rt>じゅけん</rt></ruby>者、<ruby>参加<rt>さんか</rt></ruby>者、<ruby>司会<rt>しかい</rt></ruby>者、<ruby>経営<rt>けいえい</rt></ruby>者、<ruby>労働<rt>ろうどう</rt></ruby>者、<ruby>記<rt>き</rt></ruby>者、<ruby>科学<rt>かがく</rt></ruby>者、<ruby>学<rt>がく</rt></ruby>者、<ruby>作<rt>さく</rt></ruby>者、<ruby>筆<rt>ひっ</rt></ruby>者(＝<ruby>文章<rt>ぶんしょう</rt></ruby>を<ruby>書<rt>か</rt></ruby>いた<ruby>人<rt>ひと</rt></ruby>)、<ruby>著<rt>ちょ</rt></ruby>者(<ruby>本<rt>ほん</rt></ruby>を書いた人)

●〜家　　ある<ruby>分野<rt>ぶんや</rt></ruby>にすぐれている<ruby>人<rt>ひと</rt></ruby>
<ruby>専門<rt>せんもん</rt></ruby>家、<ruby>芸術<rt>げいじゅつ</rt></ruby>家、<ruby>音楽<rt>おんがく</rt></ruby>家、<ruby>作曲<rt>さっきょく</rt></ruby>家、<ruby>柔道<rt>じゅうどう</rt></ruby>家、<ruby>作<rt>さっ</rt></ruby>家、<ruby>小説<rt>しょうせつ</rt></ruby>家、<ruby>漫画<rt>まんが</rt></ruby>家

●〜師　　<ruby>特別<rt>とくべつ</rt></ruby>な<ruby>技術<rt>ぎじゅつ</rt></ruby>を<ruby>身<rt>み</rt></ruby>につけた<ruby>人<rt>ひと</rt></ruby>
<ruby>医<rt>い</rt></ruby>師、<ruby>看護<rt>かんご</rt></ruby>師、<ruby>技<rt>ぎ</rt></ruby>師(＝エンジニア)、<ruby>講<rt>こう</rt></ruby>師、<ruby>牧<rt>ぼく</rt></ruby>師

●〜士　　ある<ruby>資格<rt>しかく</rt></ruby>を<ruby>持<rt>も</rt></ruby>った<ruby>人<rt>ひと</rt></ruby>
<ruby>弁護<rt>べんご</rt></ruby>士、<ruby>消防<rt>しょうぼう</rt></ruby>士〔<ruby>消防隊員<rt>しょうぼうたいいん</rt></ruby>〕
▶<ruby>宇宙飛行<rt>うちゅうひこう</rt></ruby>士　astronaut／宇航员／우주비행사

●〜員（いん）
<ruby>事務<rt>じむ</rt></ruby>員、<ruby>図書館<rt>としょかん</rt></ruby>の<ruby>職<rt>しょく</rt></ruby>員、<ruby>公務<rt>こうむ</rt></ruby>員、<ruby>教<rt>きょう</rt></ruby>員(＝<ruby>教師<rt>きょうし</rt></ruby>)、<ruby>大会<rt>たいかい</rt></ruby>の<ruby>委<rt>い</rt></ruby>員、<ruby>係<rt>かかり</rt></ruby>員、<ruby>乗<rt>じょう</rt></ruby>員(<ruby>特<rt>とく</rt></ruby>に、<ruby>飛行機<rt>ひこうき</rt></ruby>や<ruby>船<rt>ふね</rt></ruby>など。⇔<ruby>乗客<rt>じょうきゃく</rt></ruby>)、<ruby>船<rt>せん</rt></ruby>員、

●〜業（ぎょう）
<ruby>産<rt>さん</rt></ruby>業、<ruby>工<rt>こう</rt></ruby>業、<ruby>農<rt>のう</rt></ruby>業、<ruby>漁<rt>ぎょ</rt></ruby>業、<ruby>水産<rt>すいさん</rt></ruby>業、<ruby>製造<rt>せうぞう</rt></ruby>業、<ruby>事<rt>じ</rt></ruby>業、<ruby>営<rt>えい</rt></ruby>業、<ruby>休<rt>きゅう</rt></ruby>業、<ruby>残<rt>ざん</rt></ruby>業、<ruby>作<rt>さ</rt></ruby>業

●〜代（だい）
<ruby>電気<rt>でんき</rt></ruby>代、<ruby>水道<rt>すいどう</rt></ruby>代、<ruby>食事<rt>しょくじ</rt></ruby>代、<ruby>本<rt>ほん</rt></ruby>代、タクシー代、<ruby>切符<rt>きっぷ</rt></ruby>代、クリーニング代、<ruby>修理<rt>しゅうり</rt></ruby>代

●〜料（りょう）
<ruby>使用<rt>しよう</rt></ruby>料、<ruby>入場<rt>にゅうじょう</rt></ruby>料、<ruby>授業<rt>じゅぎょう</rt></ruby>料、<ruby>送<rt>そう</rt></ruby>料、<ruby>手数<rt>てすう</rt></ruby>料、キャンセル料

●〜費（ひ）
<ruby>学<rt>がく</rt></ruby>費、<ruby>交通<rt>こうつう</rt></ruby>費、<ruby>生活<rt>せいかつ</rt></ruby>費、<ruby>参加<rt>さんか</rt></ruby>費、<ruby>会<rt>かい</rt></ruby>費、<ruby>旅<rt>りょ</rt></ruby>費

●〜賃（ちん）
<ruby>家<rt>や</rt></ruby>賃、<ruby>運<rt>うん</rt></ruby>賃

●〜金（きん）
<ruby>入学<rt>にゅうがく</rt></ruby>金、<ruby>奨学<rt>しょう</rt></ruby>金、<ruby>賞<rt>しょう</rt></ruby>金
▶<ruby>会社<rt>かいしゃ</rt></ruby>の<ruby>資本<rt>しほん</rt></ruby>金　capital stock of a company／公司的资金／회사의 자본금

●〜品（ひん）
<ruby>日用<rt>にちよう</rt></ruby>品、<ruby>食<rt>しょく</rt></ruby>品、<ruby>化粧<rt>けしょう</rt></ruby>品、セール品、<ruby>高級<rt>こうきゅう</rt></ruby>品、<ruby>事務<rt>じむ</rt></ruby>用品、<ruby>商<rt>しょう</rt></ruby>品、<ruby>製<rt>せい</rt></ruby>品、高級品、<ruby>不良<rt>ふりょう</rt></ruby>品、<ruby>輸入<rt>ゆにゅう</rt></ruby>品

●〜機（き）
<ruby>掃除<rt>そうじ</rt></ruby>機、<ruby>洗濯<rt>せんたく</rt></ruby>機、コピー機、<ruby>印刷<rt>いんさつ</rt></ruby>機、<ruby>自動販売<rt>じどうはんばい</rt></ruby>機

●〜器（き）
<ruby>食<rt>しょっ</rt></ruby>器、<ruby>楽<rt>がっ</rt></ruby>器

●〜的（てき）
<ruby>一般<rt>いっぱん</rt></ruby>的、<ruby>計画<rt>けいかく</rt></ruby>的、<ruby>国際<rt>こくさい</rt></ruby>的、<ruby>健康<rt>けんこう</rt></ruby>的、<ruby>基本<rt>きほん</rt></ruby>的、<ruby>日常<rt>にちじょう</rt></ruby>的
▶<ruby>比較<rt>ひかく</rt></ruby>的<ruby>涼<rt>すず</rt></ruby>しい　relatively cool／比较凉／비교적 시원하다
▶<ruby>積極<rt>せっきょく</rt></ruby>的⇔<ruby>消極<rt>しょう</rt></ruby>的　proactive⇔passive／积极的⇔消极的／적극적⇔소극적

● ～化　　　～になること
（か）

無料化・有料化、自由化、機械化、地球温暖化、
（むりょう）（ゆう）　（じゆう）　（きかい）　（ちきゅうおんだん）
高齢化、映画化
（こうれい）（えいが）
▶少子化　　　declining birth rate ／ 少子化 ／ 출생률 감소
（しょうし）

● ～性　　　～であること（また、その程度
（せい）　　　　　　　　　　　　　（ていど）
　　　　　　　や内容）
　　　　　　　（ないよう）

安全性、危険性、可能性、必要性、植物性の油、
（あんぜん）（きけん）　（かのう）　（ひつよう）（しょくぶつ）（あぶら）
具体性に欠ける
（ぐたい）（か）
▶生産性を上げる　to increase productivity ／ 提高生产性 ／ 생산
（せいさん）（あ）　　　　　　　　　　　　　　　　性을 높이다
▶人間性を高める　to enhance humanity ／ 加强人道主义 ／ 인간
（にんげん）（たか）　　　　　　　　　　　　　　性을 높이다

● ～力
（りょく）

日本語力、学力（学習して得た知識など）、実
（にほんご）（がく）（しゅう）（え）（ちしき）　　（じつ）
力、能力、体力、想像力、経済力
（のう）（たい）（そうぞう）（けいざい）

● ～中
（ちゅう／じゅう）

（1）～しているところ（ちゅう）

食事中、話し中、外出中、仕事中、会議中、出張
（しょくじちゅう）（はな）（がいしゅつ）（しごと）（かいぎ）（しゅっちょう）
中、休憩中、準備中
（きゅうけい）（じゅんび）

（2）～のすべてにわたって（じゅう）

世界中の国々、部屋中ごみだらけ、体中傷だら
（せかいじゅう）（くにぐに）（へや）　　　　（からだ）（きず）
け、一日中雨、年中無休
（いちにち）（あめ）（ねん）（むきゅう）

（3）～のうち（ちゅう／じゅう）

今日中、今週中、今月中、午前中
（きょうじゅう）（こんしゅうちゅう）（げつちゅう）（ごぜんちゅう）

● ～用　　　～のための
（よう）

男性用化粧品、旅行用バッグ、家庭用洗剤、団
（だんせい）（けしょうひん）（りょこう）　（かてい）（せんざい）（だん）
体用窓口
（たい）（まどぐち）
▶非常用のベル　emergency bell ／ 緊急用铃 ／ 비상용 벨
（ひじょう）

● ～製　　　～（材料・場所）で作られた
（せい）　　　　（ざいりょう）（ばしょ）（つく）

日本製、革製、金属製
（にほん）（かわ）（きんぞく）

● 現～ ／ 前～ ／ 元～ ／ 副～
（げん）　（ぜん）　（もと）　（ふく）

現市長 ／ 前市長 ／ 元市長、元サッカー選
（げん）（しちょう）（ぜん）（もと）（せん）
手 ／ 副社長
（しゅ）（ふく）（しゃ）

● ～風　　　～のように見える・感じられる
（ふう）　　　　　　　　　（み）（かん）

学生風、サラリーマン風、和風、洋風、関西風
（がくせい）　　　　　　（わ）（よう）（かんさい）

①「アメリカはどうでした？」「よかったですよ。今回は10年ぶりに、留学した時のホストファミリーにも**再会**できたし」

②「ちょっとここの表現が**不自然**ですね」「そうですね。じゃ、何か違う言葉に変えましょう」

③「二泊三日じゃ、観光**名所**を回るだけになるね」「まあ、しょうがないよ」

④「駅前の**再開発**ってどうなったの？」「計画が**具体性**に欠けるということで中止になったらしいよ。」

⑤「明日からセール品は**全品**半額だって！」「じゃ、行かないと」

ドリル

１）a、bのうち、正しいほうを一つ選びなさい。

①パソコンの(a. 本心　　b. 本体)だけでなく、画面も電源を切るのを忘れないでくださいね。

②「実家から大学に通ってるの？」「うん。大学の近くは(a. 家賃　　b. 交通費)が高いからね」

③この本の(a. 記者　　b. 著者)は弁護士なので、法律についてわかりやすく書かれています。

④本当は大学院に行きたいけど、(a. 学費　　b. 奨学金)が払えるかどうか心配だ。

⑤ペットボトルを(a. 最　　b. 再)利用して、子どものおもちゃを作りました。

２）つぎの（　　　）に合うものをa～eの中から一つ選びなさい。

①「昨日買った携帯の調子が悪くて……」「店に持って行って、（　　　）と交換してもらったら？」

②「このベッドが欲しいんですが、送ってもらえるんですか」「はい。（　　　）もかかりません」

③毎日運動したり、野菜を多く食べたりと、（　　　）な生活を送っています。

④「この小説、今度、（　　　）されるらしいよ」「へえ、見てみたいな」

a. 新品	b. 健康的	c. 映画化	d. 総額	e. 送料

３）つぎの（　　　）に合うものをa～eの中から一つ選びなさい。

①工場の（　　　）が事故の説明をしたが、労働者たちは納得しなかった。

②「さっき、サラリーマンが化粧品を見てたよ」「あれは（　　　）だよ。最近使う人が増えてるんだ。」

③両親は自営業だったけど、僕は将来（　　　）になるつもりだ。

④うちのチームが優勝するには、まだ（　　　）が足りないと思う。

a. 責任者	b. 男性用	c. 現市長	d. 公務員	e. 実力

副詞
ふくし
Adverbs／副词／부사

●時間　じかん　time／时间／시간

今にも雨が降りそうだ。
Looks as if it's going to rain any moment now／看起来像要下雨的样子／지금이라도 비가 내릴 것 같다

今にわかるでしょう。
You understand now, right?／早晚会知道吧。／곧 알 것이다

いよいよ結婚式だ。
The wedding is finally here.／结婚典礼快开始了。／곧 결혼식이다

じきに終わるだろう。
It'll probably be over soon.／快结束了吧。／곧 끝날 것이다

至急ご連絡ください。
Please contact me as soon as possible.／请赶紧联系。／빨리 연락해 주세요

●気持ち　きもち　feelings／心情／기분

あいにく、夜は用事があるんです。
Unfortunately, I have something on tonight.／不凑巧, 晚上有事。／공교롭게 밤에는 일이 있습니다.

せめて声だけでも聞きたい。
I want to hear your voice at the very least.／至少想听听声音。／하다못해 목소리만이라도 듣고 싶다.

うっかり道を間違えてしまった。
I went the wrong way in a moment of carelessness.／一不小心, 走错了路。／깜빡 길을 틀려버렸다.

高くても、**せいぜい**1万円くらいだろう。
It's going to cost ¥10,000 at the very most.／就是贵, 最多花一万日元吧。／비싸도 기껏해야 만엔 정도일 것이다.

くれぐれも気をつけてね。
Be sure to be careful!／请多加小心。／아무쪼록 주의 해.

ひとまず、少し休むことにした。
I've decided to take a short break for now.／暂时先休息一下吧。／우선 조금 쉬기로 했다.

電車、来ないね。**ひょっとして**事故でもあったのかなあ。
The train isn't coming. I wonder if there might have been an accident?／电车老是不来啊。或许是出事故了吧。／전철이 오지 않네. 혹시 사고라고 있었던 것일까.

●様子　ようす　look, appearance／样子／모습

みんな、**いっせいに**手を上げた。
Everyone raised their hand all at once.／大家一齐举起了手。／모두 한꺼번에 손을 들었다.

子供が寝てるから、ドアは**そっと**閉めてね。
The kids are sleeping - shut the door quietly.／孩子在睡觉, 轻轻地关门吧。／아이가 자고 있으니까 문을 살짝 닫아.

箱の中には、みかんが**ぎっしり**入っていた。
The inside of the box was stuffed full of tangerines.／箱子里装满了桔子。／상자에는 귤이 빽빽하게 들어 있었다.

古い写真を見て、昔のことを**しみじみ**思い出していた。
All these memories came rushing back to me when I looked at those old photos.／看了旧照片, 我深切地想起了过去的事情。／오래된 사진을 보고 옛날 일을 절실히 기억해 내고 있었다.

新製品が**ずらりと**並んでいる。

The new products are laid out in a row.／新产品摆得长长地。／신제품이 쭉 늘어서 있다.

●変化　change／変化／변화

今朝は**一段と〔いっそう〕**冷える。

It's going to get much colder this morning.／今天早上越发地冷了。／오늘 아침은 한층 춥다.

会員だと、**さらに**安くなる。

It's even cheaper if you're a member.／要是会员的话, 会更便宜。／회원이면 더욱더 싸진다.

最近、**ますます**忙しくなってきた。

I've been getting more and more busy recently.／最近越来越忙了。／최근에 점점 바빠졌다.

準備は、**着々と**進んでいる。

We're making steady progress with the preparations.／准备 工作在顺利地进行。／준비는 착착 진행되고 있다.

次第に暗くなってきた。

It's been getting darker bit by bit.／渐渐地变暗了。／차츰 어두워졌다.

足の具合は、**徐々に**良くなっています。

My leg's been gradually getting better.／脚的状况慢慢地变好了。／발 상태는 점점 좋아지고 있습니다.

暗くなったと思ったら、**たちまち**雨が降ってきた。

It suddenly started to rain just as it was getting dark.／天气变暗, 转眼间就下起雨了。／어두워졌다고 생각했는데 순식간에 비가 내렸다.

不景気で**めっきり**客が減った。

The number of customers has fallen dramatically due to the recession.／因为不景气, 客人明显地减少了。／불경기로 현저히 손님이 줄었다.

●比較　comparison／比较／비교

わりと〔わりに〕うまくできたと思うけど、どう？　おいしい？

I think it turned out pretty well. What do you think, is it any good?／我认为做得还比较好, 怎么样? 好吃吗?／비교적 잘 되었다고 생각하는데 어때? 맛있어?

見るなと言われると、**余計**に見たくなる。

If you're told not to look, it makes you want to see it even more.／说不要看, 相反地更想看了。／보지 말라고 하면 더욱 보고 싶어진다.

書き直したら、**かえって**変になった。

It got even worse after I rewrote it.／重新写了, 相反地变得更怪。／다시 썼더니 오히려 이상해졌다.

そのパンは、**むしろ**焼かずに食べたほうがおいしいよ。

That bread is more delicious if you eat it untoasted.／那个面包, 还不如不烤吃起来更好吃。／그 빵은 오히려 굽지 않고 먹는 편이 맛있다.

●程度（多い・少ない）　extent(much, little)／程度(多・少)／정도(많다 적다)

そうとう難しい

fairly difficult／相当难／상당히 어렵다

うんとたくさん

loads／很多／아주 많이

大いに楽しみましょう

let's have a great time／尽情欣赏吧／실컷 즐깁시다

実にめずらしい

really rare／非常罕见／매우 드물다

多少わかります

to understand to some extent／多少明白／약간은 알겠습니다

女性より男性のほうが**やや**多い

slightly more men than women／比起女性来说, 男性更多一点／여성보다 남성이 약간 많다

ここにあるカメラは、**すべて**日本製です。

All the cameras here are Japan-made.／这里所有的照相机都是日本产的。／여기에 있는 카메라는 모두 일제입니다.

●形が似ている　form is similar／形式相近／형태가 닮았다

ただ今使用中です。	It's currently being used.／现在正在使用。／지금 사용 중입니다.
たった今、戻りました。	He came back just now.／刚刚才回来。／지금 돌아왔습니다.
わざと負けたの？	You lost on purpose?／故意输掉的吗？／일부러 졌니?
わざわざ手伝いに来てくれてありがとう。	Thanks for coming all this way to help.／感谢您特意来帮忙。／일부러 도와주러 와 줘서 고마워.
この町は、**いわば**ふるさとみたいなものです。	This is a sort of historic village, so to speak.／这座城市, 可以说像自己的家乡一样。／이 동네는 말하자면 고향과 같은 곳입니다.
「彼はアニメに詳しいね」「**いわゆる**アニメおたくですよ」	"He knows a lot about anime." "A so-called anime otaku."／"他对漫画很熟悉啊！""他是所谓的漫画迷嘛！"／"그는 만화영화에 대해 상세하네." "말하자면 만화영화 마니아입니다."
思わず笑ってしまった。	I couldn't help smiling.／情不自禁地笑了。／무심코 웃어버렸다.
思い切って会社をやめた。	I took the plunge and quit my job.／果断地辞掉工作。／과감히 회사를 그만두었다.
思い切り引っ張って。	Give it all you got!／狠狠地拽。／마음껏 잡아당겨.
いったい何のことかわからない。	I have no idea what on earth it's about.／不知道到底怎么回事。／도대체 무슨 일인지 알 수가 없다.
いったん家に帰ってから出かけた。	We went out after going home first.／刚回到家, 马上又出去了。／일단 집에 돌아가고서 외출했다.

●セットで使う言葉　set phrase／成对使用的语言(固定用法的词语)／세트로 사용되는 말 (정해진 말이 붙는 말)

一度〔いったん〕見たら忘れない	You won't forget it once you see it／见过一次就不会忘记／한 번 보면 잊을 수 없다
一切知らない	know nothing about／一点儿都不知道／전혀 모르겠다
必ずしもできるとは言えない	not necessarily able to do it／不能说一定能行／반드시 할 수 있다고는 못한다.
さっぱりわからない	have no idea／一点儿都不懂／전혀 모르겠다
そう難しくない	not that difficult／不太难／그렇게 어렵지 않다
大してひどくない	not that terrible／不太严重／크게 심하지는 않다
全く必要ない	not necessary at all／没有一点儿必要／전혀 필요 없다
別に珍しいことではない	not particularly rare／并不是稀罕的事／별로 드문 일은 아니다
どうせ無理だろう	impossible anyhow／反正没道理／어차피 무리일 것이다
どうやら事故があったようだ	it seems there was an accident／好像发生事故／아무래도 사고가 있었던 것 같다
たしかにあなたの意見は正しいが	Your opinion is definitely correct, but／确实你的意见是正确的／분명히 당신의 의견은 바르지만
おそらく事故があったのだろう	There was probably an accident／大概有事故吧／틀림없이 사고가 있었던 것일 것이다
せっかく早起きしたのに	I made a special effort to get up early, but／特意起了个大早／모처럼 빨리 일어났는데

例文（れいぶん）

①これから**ますます**寒（さむ）くなりますから、お体（からだ）には**くれぐれも**気（き）をつけてください。

②「ハガキ、出（だ）してくれた？」「あっ、ごめん！　**うっかり**忘（わす）れてた。今（いま）から出しに行（い）ってくる」

③**わざわざ**誘（さそ）ってくれたのに申（もう）し訳（わけ）ないんだけど、その日（ひ）は**あいにく**予定（よてい）が入（はい）っていたんです。

④「砂糖（さとう）を入（い）れたら、**かえって**変（へん）な味（あじ）になっちゃったね」「ほんと。**むしろ**何（なに）も入れないほうがよかったんだね」

⑤「**ひょっとして**、まだ資料（しりょう）ができてないの？」「**たった今（いま）**できたところです。チェックお願（ねが）いします」

ドリル

1）a、bのうち、正（ただ）しいほうを一（ひと）つ選（えら）びなさい。

①失敗（しっぱい）してもかまわないから、（a. 思（おも）わず　　b. 思（おも）い切（き）って）やってみなさい。

②助（たす）けたつもりが（a. かえって　　b. ひとまず）迷惑（めいわく）だったみたいで、すみません。

③（a. たちまち　　b. いよいよ）楽（たの）しみにしていたワールドカップが始（はじ）まる。

④「直接帰（ちょくせつかえ）る？」「いえ、（a. いったい　　b. いったん）事務所（じむしょ）に寄（よ）ってから帰（かえ）ります。」

⑤田中（たなか）さんはさっき駅（えき）に着（つ）いたみたいだから、（a. 今（いま）にも　　b. まもなく）来（く）ると思（おも）います。

2）つぎの（　　）に合（あ）うものをa～eの中（なか）から一（ひと）つ選（えら）びなさい。

①たくさんあるから（　　　）食（た）べてね。

②仕事（しごと）が忙（いそが）しくなって、（　　　）テレビを見（み）なくなった。

③「そのかばん、すごく重（おも）いですね」「ええ。中（なか）に（　　　）資料（しりょう）が入（はい）ってるからね」

④見（み）て、あそこ。おいしそうなケーキが（　　　）並（なら）んでいる。

a. うんと　　b. ずらっと　　c. ぎっしり　　d. しみじみ　　e. めっきり

3）つぎの（　　）に合（あ）うものをa～eの中（なか）から一（ひと）つ選（えら）びなさい。

①「会議（かいぎ）の準備（じゅんび）はどう？」「大丈夫（だいじょうぶ）です。（　　　）進（すす）んでいますよ。」

②「昨日（きのう）、先生（せんせい）もカラオケで歌（うた）ったんでしょ。どんな感（かん）じだった？」「（　　　）うまかったよ」

③彼女（かのじょ）は前（まえ）からきれいだったけど、このごろ（　　　）きれいになったなあ。

④ねえ、話聞（はなしき）いてるの？（　　　）返事（へんじ）ぐらいしたらどう？

a. せめて　　b. 着々（ちゃくちゃく）と　　c. いちだんと　　d. わりと　　e. あらゆる

形容詞①（どんな人？）
けいようし

adjective①(What kind of person?)／形容词①（怎样的人？）／형용사①(어떤 사람？)

●性格　せいかく
character／性格／성격

気が強い　き・つよ	strong-willed／个性强／기가 세다
⇔気が弱い　よわ	timid／个性软弱／기가 약하다
気が短い　みじか	quick-tempered／急性子／성격이 급하다
厚かましい　あつ	shameless／无耻的／성가시다
欲張り（な）　よく・ば	greedy／贪婪的／욕심쟁이인
▶欲張る	get greedy／贪得无厌的／욕심내다
けち（な）	stingy／吝啬的／구두쇠인
意地悪（な）　い・じ・わる	cruel, mean／坏心眼的／심술궂은
温厚（な）　おんこう	gentle／为人稳重的／온후한
そそっかしい	scatterbrain／马大哈／경솔하다

●外見・印象　がいけん・いんしょう
appearance•impression／外表・印象／외견 인상

爽やか（な）　さわ	fine, good-looking／清爽的／상쾌한
醜い　みにく	ugly／丑陋的／보기 흉하다

●行動・態度　こうどう・たいど
action•attitude／行动・态度／행동・태도

上品（な）　じょうひん	elegant／高雅的／품위있는
⇔下品（な）　げ・ひん	vulgar／低俗的／품위없는
おしゃべり（な）	talkative, chatterbox／多嘴、饶舌／수다쟁이인
やかましい	raucous／喧闹／성가시다
嫌味（な）　いや・み	sarcasm, bitterness／令人不快的／불쾌한 말을 하는
勝手（な）　かって	arbitrary, as one pleases／任性／멋대로인
強引（な）　ごういん	overbearing／不顾一切的／무리한
乱暴（な）　らんぼう	rude／粗鲁的／난폭한
慎重（な）　しんちょう	discreet, careful／慎重的／신중한

●我慢強い　が・まんづよ
patient／忍耐力强的／참을성이 있다

信頼できる　しんらい	trustworthy／能信赖的／신뢰할 수 있다.
生き生き（と）した　い	lively／生龙活虎的／생생한
のんびりした	carefree, leisurely／无忧无虑的／느긋한
だらしない	loose／邋遢的／깔끔하지 못하다

●能力　のうりょく
ability／能力／능력

器用（な）　き・よう	handy, skillful／灵活的／손재주가 좋은
⇔不器用（な）　ぶ	clumsy／笨拙的／손재주가 없는
賢い　かしこ	clever／聪明的／현명하다

おしゃべり（な）

だらしない

①「どれもおいしそうだから、ここにあるの、一つずつ買って帰ろうかなあ」「そんなに**欲張って**買っても、全部は食べられないよ」

②「この話、あの人には話さないほうがいいよ」「そうだね。あの人、**おしゃべり**だからね」

③「私、**不器用**だから野菜の皮をむくのが苦手なんです」「これを使えば、簡単にできますよ」

④彼は本当に真面目で、**信頼できる**人です。

⑤私は**気が弱い**ので、自分の意見をあまり強く言えないんです。

ドリル

1）a、bのうち、正しいほうを一つ選びなさい。

①団体旅行では、一人で（a. 勝手な　　b. 強引な）行動はできない。

②彼は（a. 我慢強い　　b. 気が強い）性格で、けがをしても痛いとか言わない。

③部長は（a. 慎重な　　b. 温厚な）人で、怒ったりすることはほとんどない。

④祖母は着物教室で教えるようになってから、前より（a. 生き生きして　　b. のんびりして）いる。

⑤父はとても（a. 欲張り　b. 器用）で、何でも自分で修理する。

2）つぎの（　　）に合うものをa〜eの中から一つ選びなさい。

①姉は（　　）だから、お金を貸してくれないだろう。

②あの俳優はいつも（　　）で、かっこいい。

③あの人はよく（　　）なことを言うので、あまり好きじゃない。

④子供のころ、よく近所の男の子たちに（　　）をされました。

a. 爽やか　　b. 意地悪　　c. けち　　d. 不器用　　e. 嫌味

3）つぎの（　　）に合うものをa〜eの中から一つ選びなさい。

①兄は（　　）ので、気に入らないことがあるとすぐに怒り出す。

②みんな、ちゃんと並んでいるのに、間に入って来る（　　）人がいた。

③弟は服の着方が（　　）ので、よく母に注意されている。

④あの人は（　　）から、そんなばかなことはしないだろう。

a. 気が短い　b. 厚かましい　c. 賢い　d. だらしない　e. やかましい

●様子・状態
ようす　じょうたい
state／样子・状态／모습 상태

異常（な） いじょう	abnormal, unusual／异常的／이상한
貴重（な） きちょう	valuable／贵重的／귀중한
独特（な） どくとく	unique／独特的／독특한
不幸（な） ふこう	unhappy／不幸的／불행한
めちゃくちゃ（な） ［めちゃめちゃ（な）］	messy, terrible／乱七八糟的／엉망인
ユニーク（な）	unique／独特的／독특한
余計（な） よけい	unnecessary／多余的／쓸데없는
やっかい（な）	difficult／麻烦的／성가신
かわいらしい	pretty／可爱的／귀엽다
甚だしい はなは	tremendous／非常, 太甚／매우 심하다
目覚ましい め　ざ	remarkable／惊人的, 异常的／눈부시다
珍しい めずら	rare, unusual／稀奇, 稀罕／희귀하다
めでたい	happy／可喜可贺的／경사스럽다
もったいない	What a waste!／可惜的／아깝다
やばい	awful, terrible／危险的／위험하다

●判断・評価
はんだん　ひょうか
judgment / evaluation／判断・评价／판단・평가

ばかばかしい	nonsense／非常愚蠢的, 毫无价值的／어리석다, 터무니없다
ふさわしい	appropriate, suitable／适合／어울리다
しかた（が）ない 〔しょうがない〕	can't be helped／没办法／어찌할 도리가 없다
高度（な） こうど	high／高度的／고도인
自然（な） しぜん	natural／自然的／자연스러운
⇔不自然（な） ふ	unnatural／不自然的／부자연스런

●気持ち
きも
feeling／心情／기분

ありがたい	grateful／值得感谢的, 难得的, 值得庆幸的／고맙다
面倒（な） めんどう	troublesome／费事, 麻烦的／귀찮은
▶面倒くさい	troublesome／费事, 麻烦的／귀찮다
くどい	verbose, heavy／啰嗦／같은 말을 되풀이하여 귀찮다
悔しい くや	regrettable／后悔／억울하다
つらい	tough／痛苦／괴롭다

（電気が）もったいない

くやしい

例文

①「これは**珍しい**虫ですね」「ええ。アフリカにしかいない虫なんですよ」

②「これ、全部チェックするの!?」「うん。ちょっと**面倒**だけど、ミスを減らすにはしょうがないよ」

③「あの映画どうだった?」「話が**めちゃくちゃ**で、意味がよくわからなかったよ」

④「**ユニークな**形の車だね」「イタリアの有名デザイナーがデザインした車なんだって」

⑤彼女は困ったときにいつも助けてくれるので、本当に**ありがたい**。

ドリル

1）a、bのうち、正しいほうを一つ選びなさい。

①ドアが(a. 異常　　b. 不自然)に開いていたので、泥棒が入ったと気が付いた。

②（a. くどい　　b. つらい）と思われても、大事なことは繰り返して言わなければならない。

③今月は売り上げの減少が(a. 甚だしい　　b. 珍しい)。

④この機械には(a. 高度な　　b. 面倒な) 技術が使われている。

⑤あんなに練習したのに、試合に勝てなくて、とても (a. 悔しい　　b. ばかばかしい)。

2）つぎの（　　　）に合うものをa〜eの中から一つ選びなさい。

①娘さんの結婚や息子さんの大学合格など、林さんの家では（　　　）ことが続いた。

②彼はこの仕事に一番（　　　）人です。

③もう捨てるんですか。まだ食べられるのに、（　　　）。

④弟は（　　　）と言って、なかなか部屋の片づけをしない。

a. ふさわしい　b. めでたい　c. かわいらしい　d. もったいない　e. 面倒くさい

3）つぎの（　　　）に合うものをa〜eの中から一つ選びなさい。

①田中さんは関係ないんだから、（　　　）なことを言わないでほしい。

②こういう（　　　）な事故は、二度と起きてほしくない。

③彼は（　　　）なしゃべり方をするので、一度会ったら忘れませんよ。

④3年間の留学生活の中で、（　　　）な経験をすることができた。

a. 独特　　　b. 自然　　　c. 余計　　　d. 貴重　　　e. 不幸

29 動詞①

verb① ／ 动词① ／ 동사①

●全身を使う

wash entire body ／ 用全身 ／ 전신을 사용하다

滑る（すべ）
to slip ／ 滑行、滑动 ／ 미끄러지다

すれ違う（ちが）
pass each other ／ 错过 ／ 마주 지나가다

向く（む）
look toward ／ 朝、向、对 ／ 향하다

うなずく
to nod ／ 首肯、点头 ／ 끄덕이다

おじぎをする
to bow ／ 鞠躬 ／ 고개를 숙여 인사하다

●目・口を使う

use eye・mouth ／ 用眼和嘴 ／ 눈 입을 사용하다

ささやく
to whisper ／ 耳语、低声私语 ／ 속삭이다

怒鳴る（どな）
to shout ／ 大声喊叫 ／ 고함을 치다

にらむ
to glare ／ 怒目而视 ／ 째려보다

見つめる（み）
to stare ／ 盯着看 ／ 응시하다

見上げる（あ）
to look up ／ 仰视 ／ 올려보다

見下ろす（お）
to look down ／ 俯视 ／ 내려보다

ほほ笑む（え）
to smile ／ 微笑 ／ 미소를 짓다

●手・足・脚を使う

use hand・foot・leg ／ 用手、足、脚 ／ 손 발・다리를 사용하다

掻く（か）
to scratch ／ 挠 ／ 긁다

抱える（かか）
to hold ／ 抱 ／ 안다, 감싸다

包む（つつ）
to wrap ／ 包装 ／ 싸다

殴る（なぐ）
to hit ／ 殴打 ／ 때리다

つまずく
to trip ／ 跌交、绊倒 ／ 발이 걸려 넘어질 뻔하다

●形を変える

to change form ／ 改变形状 ／ 형태를 바꾸다

曲げる（ま）
to bend ／ 弯曲 ／ 구부리다

破る（やぶ）
to burst ／ 破坏、损坏 ／ 찢다

膨らます（ふく）
to blow ／ 使膨胀、使鼓起 ／ 부풀리다

くっつける
to attach ／ 把---黏上、把---紧紧贴上 ／ 붙이다

ねじる
to twist ／ 拧 ／ 비틀다

●物を動かす

to move(a thing) ／ 移动物体 ／ 물건을 움직이다

埋める（う）
to bury ／ 埋 ／ 묻다

加える（くわ）
to add ／ 添加、增加 ／ 더하다

散らかす（ち）
to scatter ／ 弄得乱七八糟 ／ 흩뜨리다

積む（つ）
to pile up ／ 堆积、垒高、存储 ／ 쌓다

詰める（つ）
to stuff, pack ／ 塞满、填满 ／ 넣다

鳴らす（な）
to ring ／ 发出声响 ／ 울리다

除く（のぞ）
to omit ／ 除掉、去除 ／ 제거하다

はがす
to tear off ／ 剥下、揭下 ／ 떼다

はさむ
to clip ／ 插、夹 ／ 끼우다

ひっくり返す（かえ）
to upset ／ 颠倒过来、翻过来 ／ 뒤집다

ひねる
to twist ／ 拧、扭、捻 ／ 비틀다

ふさぐ
to shut ／ 覆盖、遮盖 ／ 막다

ぶつける
to strike ／ 碰上、撞上 ／ 부딪치다

ぶら下げる（さ）
to hang ／ 悬挂、吊、拧 ／ 매달다

振る（ふ）
to wave ／ 摇动、摇晃、摆动 ／ 흔들다

混ぜる（ま）
to mix ／ 混入、掺进 ／ 섞다

真似る（まね）
to imitate ／ 效仿、模仿 ／ 흉내 내다

①「そろそろ**ひっくり返さないと**、焦げるんじゃない？」「まだ大丈夫だよ」

②「山本さん、見なかった？」「さっき廊下で**すれ違った**よ」

③「蚊に刺されて、かゆい」「あまり**かかない**ほうがいいよ」

④「大事な書類が見つからない」「資料の間に、**はさんである**るんじゃない？」

⑤片づけても、すぐに子供が**散らかして**しまうんです。

ドリル

1）a、bのうち、正しいほうを一つ選びなさい。

①床に物がたくさん置いてあったので、（a. 滑って　　b. つまずいて）転んでしまった。

②ベランダから（a. うなずく　　b. 見下ろす）と、友だちが歩いているのが見えた。

③このイベントはもう終わったから、ポスターを（a. はがそう　　b. 除こう）。

④あれ、おかしいな。水道を（a. ひねって　　b. 曲げて）も水が出てこない。

⑤〈レジで〉これ、プレゼントなので、（a. 抱えて　　b. 包んで）もらえますか。

2）つぎの（　　　）に合うものをa～eの中から一つ選びなさい。

①買っただけでまだ読んでいない本が、机の上にたくさん（　　　）ある。

②味が薄かったら、もう少ししょう油を（　　　）もいいと思います。

③袋を開けるときは、ここから（　　　）ください。

④明日、朝早く家を出るんだったら、今のうちに荷物を（　　　）おいたら？

a. 混ぜて	b. 加えて	c. 詰めて	d. 積んで	e. 破って

3）つぎの（　　　）に合うものをa～eの中から一つ選びなさい。

①長時間パソコンの画面を（　　　）と目が疲れます。ときどき目を休めてください。

②彼女は声が小さく、（　　　）ように話すので、何を言っているかよくわからない。

③息子はおとなしい性格で、人に（　　　）ようなことはありません。

④あいさつをするとき、少し（　　　）ようにすると印象がよくなりますよ。

a. 怒鳴る	b. 見つめる	c. ささやく	d. 向く	e. ほほ笑む

例を挙げる	to give an example／举例／예를 들다
商品を扱う	to carry a product／经营商品／상품을 취급하다
水があふれる	water overflowing／水溢出来／물이 넘치다
書き方を誤る	to write something wrongly／弄错写法／쓰는 법을 틀리다
態度を改める	to change one's attitude／改变态度／태도를 고치다
海が荒れる	sea getting stormy／海里起风浪／바다가 거칠다
経験を生かす	to use one's experience／活用经验／경험을 살리다
財産を失う	to lose assets／失去财产／재산을 잃다
相談に応じる	to provide consultation／接受商量／상담에 응하다
箱に収める	to store in a box／收拾到箱子里／상자에 넣다
能力が劣る	to be less able／能力低下／능력이 떨어지다
影響を及ぼす	to exert influence／产生影响／영향을 미치다
部品が欠ける	to be missing a part／欠缺零件／부품이 빠지다
疲れを感じる	to feel fatigue／感到疲乏／피곤을 느끼다
薬が効く	medicine working／药起效／약이 듣다
川を越える	to go over a river／越过河流／강을 넘다
社長に逆らう	to defy the company president／违抗上司／사장에게 거스르다
危険を避ける	to avoid danger／避免危险／위험을 피하다
生活を支える	to support lives／维持生活／생활을 지탱하다
データを示す	to show data／显示数据／데이터로 나타내다
問題が生じる	problem occuring／产生问题／문제가 생기다
いすをずらす	to shift a chair／挪动椅子／의자를 밀려 놓다
位置がずれる	position shifting／位置偏离／위치가 어긋나다

苦痛に耐える	to bear the pain／忍受痛苦／고통을 참다
作業に適した服	clothes appropriate to the job／适合工作的服装／작업에 적합한 옷
ノートを閉じる	to close a notebook／关上笔记本／노트를 덮다
東京にとどまる	to stay in Tokyo／逗留在东京／동경에 남다
仕事を怠ける	to slack off／怠慢工作／일을 게을리하다
優勝を狙う	to aim for the championship／以夺取冠军为目的／우승을 노리다
草が生える	grass growing／长草／풀이 자라다
あいさつを省く	to skip the formalities／省略寒暄语／인사를 생략하다
考えに反する	to oppose an idea／与想法相反／생각에 반하다
お酒を控える	to stay away from alcohol／控制喝酒／술을 삼가다
ビタミンを含む	to include vitamins／含有维生素／비타민을 포함하다
寒くて震える	to shiver from the cold／冷得发抖／추워서 떨리다
才能に恵まれる	to be blessed with talent／才华横溢／재능의 혜택을 받다
１位を目指す	to aim at being the best／以第一位为目标／1위를 목표로 하다
機会を設ける	to create an opportunity／设计机会／기회를 주다
資料に基づく	to be based on the documents／根据资料／자료에 근거하다
許可を求める	to seek permission／征求许可／허락을 구하다
風がやむ	wind dying down／风停／바람이 멎다
席を譲る	to give up one's seat／让座位／자리를 양보하다
ベルトをゆるめる	to loosen one's belt／放松皮带／벨트를 느슨하게 한다

例文（れいぶん）

①「ちょっと、コップの水が**あふれてる**！」「あっ、ごめん！　見てなかった」

②なにか部品が**欠けている**みたいで、うまく動かない。

③雨で日程が**ずれて**、はじめの予定よりも一週間遅くなりました。

④無駄な説明は**省いて**、大事なことだけを話しますね。

⑤「この値段には消費税が**含まれて**いますか」「はい、含まれています」

ドリル

1）a、bのうち、正しいほうを一つ選びなさい。

①さくらさんから、子猫を一匹（a. 譲って　　b. 応じて）もらいました。

②やっと薬が（a. 効いて　　b. 感じて）、熱が下がってきた。

③この部屋の暑さに、エアコンなしで（a. 耐える　　b. 狙う）のは難しい。

④みんなの希望には（a. 反する　　b. 及ぼす）けれど、今回はその方法しかないと思う。

⑤予想をはるかに（a. 生じて　　b. 越えて）、50人ものお客さまが来てくださいました。

2）つぎの（　　）に合うものをa〜eの中から一つ選びなさい。

①これまでの経験を（　　）、英語を使う仕事に就くことができました。

②この箱全部、1階の倉庫に（　　）おいてくれる？

③先生は、私たちがわかりやすいように、例を（　　）丁寧に説明してくれました。

④優勝を（　　）、毎日遅くまで練習しています。

a. 支えて　　b. 生かして　　c. 収めて　　d. 挙げて　　e. 目指して

3）つぎの（　　）に合うものをa〜eの中から一つ選びなさい。

①孫が生まれたら、タバコは（　　）ようにしようと思っている。

②上司の命令に（　　）なんて、私には怖くてできません。

③危険を（　　）ため、その道を通るのはやめ、遠回りして行った。

④商品を（　　）ときは、汚さないように気をつけてください。

a. 逆らう　　b. 控える　　c. 恵まれる　　d. 避ける　　e. 扱う

いろいろな意味のある動詞①

Verbs with multiple meanings①／含有各种意义的动词①／여러 의미가 있는 동사①

●出る・出す

新商品が出る
new products being launched／新商品上市／신상품이 나오다

効果が出る
effects taking hold／出现效果／효과가 나타나다

新記録が出る
new record being set／刷新纪录／신기록이 나오다

試合に出る
playing a match／参加比赛／시합에 나오다

本を出す
publishing a book／出版书／책을 내다

指示を出す
giving instructions／做出指示／지시를 하다

●かかる・かける

優勝がかかる
the championship hanging in the balance／决出冠军／우승이 걸리다

水がかかる
being covered in water／浇水／물이 묻다

エンジンがかかる
engine starting／启动引擎／엔진이 걸리다

声をかける
calling out to someone／打招呼／말을 걸다

掃除機をかける
vacuuming／开动吸尘器／청소기를 돌리다

アイロンをかける
to iron／熨衣服／다림질을 하다

●のびる・のばす

売り上げが伸びる
sales growing／销售额增加／매상이 늘다

会議が明日に延びる
meeting being postponed until tomorrow／会议推迟到明天／회의가 내일로 연기되다

会議が1時間延びる
meeting stretching on for another hour／会议推迟一个小时／회의가 한 시간 연장되다

才能を伸ばす
developing one's talent／增长才干／재능을 키우다

手を伸ばす
stretching out one's arm／伸手／손을 뻗다

髪の毛を伸ばす
growing out one's hair／留头发／머리를 기르다

●つく・つける

身につく
mastering, acquiring／(把知识、技术等)学到手／몸에 배다

差がつく
distinguishing oneself from／有差别／차이가 나다

気がつく
realizing／注意到／알아채다

点をつける
rating/giving a score／打分／점수를 매기다

●切れる・切る

賞味期限が切れる
passing an expiry date／保质期限到期／맛있게 먹을 수 있는 기간이 지나다

電池が切れる
batteries going flat／电池用完／건전지가 나가다

電話を切る
hanging up the phone／挂电话／전화를 끊다

水を切る
draining off the water／除去水分／물을 빼다

1万円を切る
costing less than 10,000 yen／低于一万日元／만원을 넘지 않다

●落ちる・落とす

色が落ちる
color fading／颜色褪掉／색이 빠지다

味が落ちる
deterioration of flavor／味道不新鲜／맛이 떨어지다

成績が落ちる
grades dropping／成绩下降／성적이 떨어지다

試験に落ちる
failing an exam／考试不合格／시험에 떨어지다

スピードを落とす
slowing down／减速／속도를 늦추다

汚れを落とす
getting rid of a stain／除掉脏东西／얼룩을 빼다

 例　文

①あとでこのズボンに、アイロンを**かけて**おいてくれる？

②ちゃんと指示を**出して**もらわないと、何をすればいいかわからないよ。

③今日洗濯したら、シャツの色が**落ちて**、ほかの服にもついちゃったよ。

④「髪、**伸ばして**るの？」「いや、切りに行く時間がないだけ。ほんとは早く切りたいんだけど」

⑤1万3千か……ちょっと高いなあ。1万円を**切ったら**買うんだけどな。

ドリル

1）a、bのうち、正しいほうを一つ選びなさい。

①この洗剤を使えば、汚れがよく（a. 落ちる　　b. 切れる）よ。

②コンビニは競争が激しいから、新しい商品が次々に（a. 出る　　b. かかる）ね。

③会議が2時間も（a. ついた　　b. のびた）せいで、昼食をとる時間がなくなった。

④この車、最近調子が悪くて、なかなかエンジンが（a. かからない　　b. 落ちない）。

⑤ちょっと掃除機を（a. つけたい　　b. かけたい）から、部屋を片づけて。

2）つぎの（　　　）に合うものをa〜eの中から一つ選びなさい。

①父はいつか、海外勤務の経験をまとめた本を（　　　）つもりでいる。

②何かわからないことがあったら、いつでも声を（　　　）ください。

③野菜を洗ったら、よく水を（　　　）から、なべに入れてください。

④この本には、子供の才能を（　　　）ヒントが書かれています。

a. 出す　　b. 落とす　　c. かけて　　d. 切って　　e. 伸ばす

3）つぎの（　　　）に合うものをa〜eの中から一つ選びなさい。

①この試験に僕の人生が（　　　）から、絶対に失敗するわけにはいかない。

②この薬は、飲んでから効果が（　　　）まで、1時間程度かかります。

③あの店、店長が変わってから味が（　　　）ね。

④バスの定期が（　　　）から、買わないと。

a. 出る　　b. 切れた　　c. 延びる　　d. 落ちた　　e. かかっている

Verbs with multiple meanings②／含有各种意义的动词②／여러 의미가 있는 동사②

●当たる（あ）

予想が当たる（よそう）	to make a correct assumption／预想正确／예상이 적중하다
日が当たる（ひ）	to get sunlight／晒太阳／빛이 비치다
宝くじが当たる（たから）	to strike the lottery／中彩票／복권이 당첨되다
ボールが当たる	to get hit by a ball／球撞上了／공에 맞다

●上がる（あ）

成績が上がる（せいせき）	grades improving／成绩变好／성적이 오르다
温度が上がる（おんど）	temperature rising／温度升高／온도가 오르다
２階に上がる（かい）	going up to the second floor／上二楼／2층에 오르다

●受ける（う）

電話を受ける（でんわ）	to receive a call／接电话／전화를 받다
指示を受ける（しじ）	to receive instructions／接受指示／지시를 받다
試験を受ける（しけん）	to take an exam／参加考试／시험을 보다
奨学金を受ける（しょうがくきん）	to win a scholarship／接受奖学金／장학금을 받다

●とる（取る）（と）

食事を取る（しょくじ）	to take a meal／吃饭／식사를 하다
バランスを取る	to be balanced／平衡／균형을 잡다
単位を取る（たんい）	to get course credits／拿学分／학점을 따다
値札を取る（ねふだ）	to remove a price tag／取下价格标签／가격표를 떼다
マフラーを取る	to take off a scarf／摘掉围巾／목도리를 풀다

●進む（すす）

大学に進む（だいがく）	to go on to university／升入大学／대학에 진학하다
仕事が進む（しごと）	work progressing／工作顺利／일이 잘 진행되다
病気が進む（びょうき）	illness progressing／病情加重／병이 깊어지다
（時計が）5分進んでいる（とけい）	(clock) 5 minutes fast／钟表快了五分钟／(시계가)5분 앞서 가다

●入る（はい）

保険に入る（ほけん）	take out an insurance policy／入保险／보험에 들다
5月に入る（がつ）	from May／进入五月／5월이 되다
給料が入る（きゅうりょう）	to be paid／工资入账／월급이 나오다

●破る（やぶ）

約束を破る（やくそく）	to break a promise／毁约／약속을 깨다
記録を破る（きろく）	to break a record／打破记录／기록을 깨다
（試合の）相手を破る（しあい）（あいて）	to beat an opponent／赢了比赛的竞争对手／(시합) 상대를 이기다

●引く（ひ）

線を引く（せん）	to draw a line／画线／선을 긋다
注意を引く（ちゅうい）	to draw attention／引起注意／주의를 끌다
（値段などを）引く（ねだん）	to cut (price, etc)／减价／(가격 등을) 깎아주다

●送る（おく）

| スタッフを送る | to send staff／送工作人员／스태프를 보내다 |
| 生活を送る（せいかつ） | to lead a life／过生活／생활을 하다 |

例文（れいぶん）

①「この前貸したお金、返せる？」「ごめん。金曜に給料が**入る**から、それまで待って」

②「うちは貧乏だったから、奨学金を**受け**られなかったら、大学に行けなかったと思う」

③「2階のほうが日が**当たる**から、洗濯物は2階に干してくれる？」

④「土曜日なのに会社に行くんですか」「はい。でも、誰もいないから、仕事は**進む**んです」

⑤これ、プレゼント用なので、値札を**取って**包んでください。

ドリル

1）a、bのうち、正しいほうを一つ選びなさい。

①コンビニの弁当だけじゃ、栄養のバランスを（a. 引く　　b. 取る）のは難しいよ。

②飛んできたボールが（a. 当たって　　b. 受けて）教室の窓ガラスが割れてしまった。

③今、キャンペーン中だから、この値段からさらに10%（a. 進む　　b. 引く）そうだよ。

④「トイレどこ？」「2階に（a. 送って　　b. 上がって）すぐ右だよ」

⑤これ以上病気が（a. 入る　　b. 進む）と、手術が必要になりますよ。

2）つぎの（　　）に合うものをa〜eの中から一つ選びなさい。

①試験を受けるだけじゃなくて、ちゃんと出席しないと単位を（　　）のは無理だよ。

②何かトラブルがあったときは、上司に報告して指示を（　　）ようにしてください。

③いろいろ迷ったけれど、テニスサークルに（　　）ことにした。

④子どものころ、好きな女の子の注意を（　　）ために、よくいじわるをしていた。

a. 引く	b. 送る	c. 受ける	d. とる	e. 入る

3）つぎの（　　）に合うものをa〜eの中から一つ選びなさい。

①人手が足りないなあ。もう少し本社からスタッフを（　　）もらわないと、間に合わない。

②大会では、ぜひ、この記録を（　　）優勝したい。

③母の予想が（　　）、午後から雨になった。

④思ったより作業が（　　）、昨日は早く帰れました。

a. 破って	b. 進んで	c. 当たって	d. 送って	e. 入って

問題1 （　　　）に入れるのに最もよいものを、1・2・3・4から一つ選びなさい。

① その仕事の担当（　　　）じゃないと、詳しいことはわからない。
　　1　者　　　　　　2　家　　　　　　3　員　　　　　　4　師

② 一泊5万円なんて、こんな（　　　）級ホテルに泊まるのは初めてです。
　　1　総　　　　　　2　新　　　　　　3　高　　　　　　4　名

③ 今年の4月から、一人500円の入場（　　　）が、ただになりました。
　　1　費　　　　　　2　金　　　　　　3　代　　　　　　4　料

④ 田中さんは（　　　）サッカー選手なので、このチームの中では一番上手だ。
　　1　本　　　　　　2　副　　　　　　3　元　　　　　　4　前

⑤ ワンさんが食堂にひとりで座っていたので、声を（　　　）みた。
　　1　当てて　　　　2　出して　　　　3　つけて　　　　4　かけて

⑥ さっきのテストは、どの問題も答えが（　　　）わからなかった。
　　1　ぎっしり　　　2　すっきり　　　3　さっぱり　　　4　めっきり

⑦ （　　　）遠い店まで買いに行かなくても、ネットで買えるよ。
　　1　せめて　　　　2　思わず　　　　3　くれぐれも　　4　わざわざ

⑧ そのペン、まだ使えるのに捨てるなんて、（　　　）よ。
　　1　しかたがない　2　ふさわしい　　3　だらしない　　4　もったいない

⑨ 優勝できなくて（　　　）けれど、また来年頑張ろうと思う。
　　1　めでたい　　　2　悔しい　　　　3　ありがたい　　4　くどい

⑩ すぐに効果が（　　　）わけではありませんが、毎日の運動はダイエットになりますよ。
　　1　落ちる　　　　2　進む　　　　　3　出る　　　　　4　起きる

問題2 ______ に意味が最も近いものを、1・2・3・4から一つ選びなさい。

① 原さんは、<u>そうとう</u>怒っていました。

    1　もっと　　　　2　まあまあ　　　　3　少し　　　　4　とても

② これは、<u>貴重</u>な研究結果です。

    1　大切な　　　　2　新しい　　　　3　まじめな　　　　4　つまらない

③ 2年生になって、勉強が<u>いっそう</u>わからなくなった。

    1　急に　　　　2　少しずつ　　　　3　だいぶ　　　　4　もっと

④ さっき、あそこの道で<u>つまずいて</u>しまった。

    1　走って　　　　2　転んで　　　　3　遊んで　　　　4　ぶつかって

問題3　次の言葉の使い方として最もよいものを、一つ選びなさい。

① 温厚

    1　そのカフェは、若者の少ない、<u>温厚</u>な雰囲気のお店でした。

    2　彼女はとても<u>温厚</u>なので、困ったときにはいつも助けてくれます。

    3　田中さんは、何を言われても怒らない、とても<u>温厚</u>な人だ。

    4　台風が通り過ぎたので、今日は海も<u>温厚</u>なようだ。

② 高度

    1　<u>高度</u>なところに置いてあって、手が届かない。

    2　おもちゃのように見えますが、作るには<u>高度</u>な技術が必要なのです。

    3　今回のテストは<u>高度</u>だったから、合格できるかちょっと不安です。

    4　こんな<u>高度</u>なホテルに泊まれるとは思いませんでした。

③ 詰める

    1　読まなくなった本は、ほとんどダンボール箱に<u>詰めて</u>しまった。

    2　洗ったお皿は、そこの<u>棚</u>に<u>詰めて</u>くれる？

    3　デジカメで撮った写真のデータは、CD に<u>詰めて</u>いる。

    4　いつも、コーヒーにはミルクと<u>砂糖</u>を<u>詰めて</u>います。

第4回 実戦練習

●見～
み

見失う（うしな）
to miss／看不见、迷失／보고 있던 것을 놓치다

見比べる（くら）
to compare with the eye／相比较、对比／비교해 보다

見直す（なお）
to take another look／重新考虑、重新研究／재점검하다

見習う（なら）
to follow another's example／模仿、见习／보고 배우다

見慣れる（な）
to be familiar with／看惯／늘 보아 오다

見逃す（のが）
to miss, overlook／看漏、视而不见／빠뜨리고 보다

●取り～
と

取り返す（かえ）
to regain, recover／取回、收回／되찾다

取り組む（く）
to deal with, tackle／对付、解决／맞붙다

取り付ける（つ）
to install／安装／설치하다

取り戻す（もど）
to take back, regain／取回、拿回／되찾다

●引き～
ひ

引き上げる（あ）
to pull out, leave／回来、撤回／인상하다

引き受ける（う）
to take on／接受／떠맡다

引き返す（かえ）
to turn back／回去／돌아 가다

引き出す（だ）
to withdraw／抽出、拉出／찾다, 끌어내다

引き止める（と）
to hold back, restrain／拉住、挽留／만류하다

●やり～

やり終える（お）
to finish doing／结束／끝까지 다하다

やり続ける（つづ）
to keep doing／持续做／계속하다

やり直す（なお）
to redo／重新做／다시 하다

●振り～
ふ

振り返る（かえ）
to throw back, look back／回顾、回头看／뒤돌아보다

振り込む（こ）
to transfer／汇款／계좌에 돈을 넣다

振り向く（む）
to turn around／回顾、回头看、留意／뒤돌아 보다

●～出す
だ

言い出す（い）
to say, bring up／开始说、说出口／말을 꺼내다

泣き出す（な）
to break down, cry／哭起来／울음을 터트리다

呼び出す（よ）
to call out, for／叫来、叫过来／불러내다

●～込む
こ

思い込む（おも）
to assume／深信、以为／굳게 믿다

持ち込む（も）
to bring in／带进去／갖고 들어오다

割り込む（わ）
to cut in／加塞儿／끼어 들다

●その他
た

助け合う（たす・あ）
to help each other／互相帮助／서로 돕다

言い間違える（い・まちが）
to say something wrong／说错了／잘못 말하다

書き直す（か・なお）
to rewrite／重写／다시 쓰다

作り直す（つく）
to remake／重新做／다시 만들다

呼びかける（よ）
to call for／呼吁／부르다

立て替える（か）
to pay first／垫付／대신 치르다

払い戻す（はら・もど）
to refund／退还、找钱／환불하다

思いつく（おも）
to think of／忽然想起／생각이 떠 오르다

①「今日の試験、時間が全然足りなかった」「私も。最後に**見直し**をするつもりだったけど、ほとんどできなかった」

②兄を**見習って**、毎朝早起きをするようにしました。

③ふと**思いついて**、久しぶりにあの店に行ってみることにしたんだよ。

④〈レストランで〉「ごめん！　お金下ろすの、忘れちゃった」「じゃ、ここは私が**立て替えて**おくね」

⑤司会なのに、人の名前を**言い間違えた**んですか。それは大失敗ですね。

ドリル

１）a、bのうち、正しいほうを一つ選びなさい。

①政府は、消費税率の(a. 取り上げ　　b. 引き上げ)を検討している。

②どこで計算を間違ったのかわからないなあ。初めから(a. やり直す　　b. 取り戻す)よ。

③明日だと(a. 思い込んで　b. 見回って)いたけれど、約束したのはあさってでした。

④この犬、初めは変な顔だなと思ったけど、(a. 見慣れる　　b. 見逃す)と、けっこうかわいいね。

⑤予定通り仕事を(a. やり終え　　b. やり続け)られたので、明日からゆっくり休みをとります。

２）つぎの(　　　)に合うものをa〜eの中から一つ選びなさい。

①彼はどんどん歩いていくので、あっという間に(　　　)しまった。

②給料日だったので、ATMでお金を(　　　)きた。

③試験会場に(　　　)いいのは、筆記用具と時計だけです。

④この報告書、ここを(　　　)もう一度出してくれる？

a. 取り戻して　b. 持ち込んで　c. 書き直して　d. 引き出して　e. 見失って

３）つぎの(　　　)に合うものをa〜eの中から一つ選びなさい。

①ほとんど同じに見えるけれど、よく(　　　)と違いがわかる。

②その部品は、ここに(　　　)みたいだよ。

③彼が仕事に一生懸命(　　　)姿を見て、かっこいいなと思いました。

④チケットを(　　　)なら、あそこのカウンターに行けばいいよ。

a. 払い戻す　b. 取り組む　c. 取り付ける　d. 振り向く　e. 見比べる

「〜する」の形の動詞①

Verbs ending in 'suru'①／「〜する」形式的动词①／"〜する"형태의 동사①

●気持ち　feeling／心情／기분

感心する（かんしん）	to admire／佩服／감탄하다
後悔する（こうかい）	to regret／后悔／후회하다
肯定する（こうてい）	to affirm, to say yes／肯定／긍정하다
否定する（ひ）	to deny／否定／부정하다
誤解する（ごかい）	to misunderstand／误解／오해하다
用心する（ようじん）	to be careful of／注意／주의하다
油断する（ゆだん）	to be careless／粗心大意／방심하다
意識する（いしき）	to be conscious of／意识／의식하다
熱中する（ねっちゅう）	to become absorbed in／热衷／열중하다
納得する（なっとく）	to understand／理解／납득하다
満足する（まんぞく）	to be satisfied／满足／만족하다
予想する（よそう）	to expect／预想／예상하다
考慮する（こうりょ）	to consider／考虑／고려하다
得する（とく）	to make a profit／有益／이익을 보다

●人と人　personal relations／人和人／사람과 사람

交際する（こうさい）	to assosiate／交际／교제하다
自慢する（じまん）	to be proud／自夸／자랑하다
謙遜する（けんそん）	to be modest／谦逊／겸손하다
恐縮する（きょうしゅく）	deeply appreciate／诚惶诚恐／황송하게 생각하다
味方する（みかた）	to stand by／我方、伙伴／편들다
対立する（たいりつ）	to be opposed／对立／대립하다
仲直りする（なかなお）	to reconciled with／握手言和／화해하다
伝言する（でんごん）	to give a message to／传话／말을 전하다
無視する（むし）	to ignore／无视／무시하다

●命令する　to command／命令／명령하다

命令する（めいれい）	to command／命令／명령하다
批判する（ひはん）	to criticize／批判／비판하다
非難する（ひなん）	to blame／责难／비난하다

●人の動作　someone's action／人的动作／사람의 동작

印刷する（いんさつ）	to print／印刷／인쇄하다
外食する（がいしょく）	to eat out／外出就餐／외식하다
救助する（きゅうじょ）	to save／救助／구조하다
解答する（かいとう）	to answer／解答／답하다
見学する（けんがく）	to observe／参观／견학하다
持参する（じさん）	to bring／自备／지참하다
進学する（つう）	to enter a school of higher grade／入学／진학하다
受験する（じゅけん）	to take an examination／参加考试／시험을 보다
提出する（ていしゅつ）	to submit／提出／제출하다
送金する（そうきん）	to remit／汇款／송금하다
配布する（はいふ）	to distribute／分配、分发／배포하다
両替する（りょうがえ）	to exchange money／兑换／환전하다
通勤する（つうきん）	to commute／上下班／통근하다
通行する（こう）	to pass／通行／통행하다
出場する（しゅつじょう）	to participate／出场／출장하다
引退する（いんたい）	to retire／引退／인퇴하다

①分かりやすく伝えられるよう、**意識して**話しているつもりです。

②遠くから来る人のことも**考慮して**、開始時間を遅めにしています。

③これからプリントを**配布します**ので、まず名前を書いてください。

④セミナーには、筆記用具と時計を**持参して**ください。

⑤夕飯はいつも家で食べますが、たまに**外食する**こともあります。

ドリル

1）a、bのうち、正しいほうを一つ選びなさい。

①ずっと1位だったので（a. 油断して　　b. 誤解して）しまい、最後に負けてしまった。

②専門学校でなく、大学に（a. 進学する　　b. 受験する）ことに決めた。

③疑問に思っていましたが、その答えでやっと（a. 納得する　　b. 得する）ことができました。

④ゲームに（a. 肯定して　b. 熱中して）いて、約束の時間に遅れてしまった。

⑤教授に手伝っていただくなんて、（a. 謙遜して　　b. 恐縮して）しまいます。

2）つぎの（　　　）に合うものをa〜eの中から一つ選びなさい。

①実物は、（　　　）いたものとだいぶ違っていました。

②もっと早くから勉強すればよかったと、（　　　）います。

③帰りが遅くなったときは、遠回りだけど、（　　　）明るい道を通るようにしている。

④父とけんかになったときは、いつも母が（　　　）くれます。

a. 後悔して　b. 用心して　c. 予想して　d. 交際して　e. 味方して

3）つぎの（　　　）に合うものをa〜eの中から一つ選びなさい。

①会議用の資料をメールで送るから、（　　　）おいてくれる？

②レポートは、来週の月曜までに（　　　）ください。

③1000円札を500円玉2枚に（　　　）もらえますか。

④彼女は去年の北京大会を最後に（　　　）いたそうだ。

a. 通行して　b. 両替して　c. 引退して　d. 提出して　e. 印刷して

「～する」の形の動詞②

Verbs ending in 'suru'②／「～する」形式的动词②／"～する"형태의 동사②

●あ～お

合図する あいず	to give a signal／信号／신호를 보내다
安定する あんてい	to be stable／安定／안정되다
一致する いっち	to agree／一致／일치하다
違反する いはん	to violate／违反／위반하다
影響する えいきょう	to influence／影响／영향을 주다
延長する えんちょう	to extend／延长／연장하다

●か～こ

改行する かいぎょう	to start a new line／改行／줄을 바꾸다
解決する かいけつ	to solve／解决／해결하다
回復する かいふく	to recover／恢复／회복하다
拡大する かくだい	to expand／扩大／확대하다
活動する かつどう	to be active／活动／활동하다
活躍する やく	to play an active part／活跃／활약하다
関係する かんけい	to be related to／关系／관계하다
感染する かんせん	to be infected／感染／감염되다
管理する かんり	to manage／管理／관리하다
完了する かんりょう	to be completed／结束／완료되다
関連する かんれん	to be related to／关联／관련되다
工夫する くふう	to devise／动脑筋／궁리하다
区別する くべつ	to distinguish／区别／구별되다
苦労する くろう	to do with difficulty／艰苦／고생하다
経営する けいえい	to run／经营／경영하다
継続する けいぞく	to continue／继续／계속하다
検査する けんさ	to inspect／检查／검사하다

●さ～そ

検討する とう	to examine／讨论／검토하다
貢献する こうけん	to contribute／贡献／공헌하다
構成する こうせい	to compose／构成／구성하다
交代する こうたい	to change over／交替／교대하다
克服する こくふく	to overcome／克服／극복하다
再利用する さいりよう	to reuse／再利用／재이용하다
削除する さくじょ	to delete／删除／삭제하다
実行する じっこう	to implement／实行／실행하다
実施する し	to take effect／实施／실시하다
指定する してい	to appoint／指定／지정하다
収穫する しゅうかく	to harvest／收获／수확하다
重視する じゅうし	to make much of／重视／중시하다
終了する しゅうりょう	to be completed／结束／종료하다
消化する しょうか	to digest／消化／소화하다
上達する じょうたつ	to improve／进步／능숙해지다
衝突する しょうとつ	to collide／碰撞／충돌하다
証明する しょうめい	to prove／证明／증명하다
申請する しんせい	to apply／申请／신청하다
進歩する しんぽ	to develop／进步／진보되다
制限する せいげん	to set a limit／限制／제한하다
設計する せっけい	to design／设计／설계하다
専攻する せんこう	to major／专业／전공하다
選択する せんたく	to select／选择／선택하다
宣伝する せんでん	to publicize／宣传／선전하다

例　文
（れい　ぶん）

①軽い風邪なので、寝てればすぐに**回復する**と思います。

②一目で**区別する**ために、私のものにはシールを貼っています。

③このテストは、全国の 2000 以上の学校で**実施される**そうです。

④住民の反対の声が強くなっていますが、工事は**継続する**そうです。

⑤コンピューターでデータを**管理している**ので、今、どの商品がどれだけあるか、すぐにわかります。

ドリル

1）a、bのうち、正しいほうを一つ選びなさい。

①私が手を挙げて（a. 合図する　　b. 選択する）ので、そうしたらこちらに来てください。

②両親の考え方は、私にも（a. 影響して　　b. 違反して）いると思います。

③店を（a. 宣伝する　　b. 実行する）ために、新しくホームページを作りました。

④製品のサポート期間を、半年から一年に（a. 一致する　　b. 延長する）ことが決まりました。

⑤このデータはもういらないので、（a. 削除して　　b. 実行して）おいてください。

2）つぎの（　　　）に合うものをa〜eの中から一つ選びなさい。

①この団体は、地域社会に（　　　）ことを第一の目的に作られた。

②山本選手は、今では日本だけでなく、世界で（　　　）選手となりました。

③けがを（　　　）ことができたのは、周囲の励ましがあったからです。

④今、インフルエンザに（　　　）と大変なので、外ではマスクをつけています。

> a. 克服する　b. 活躍する　c. 貢献する　d. 進歩する　e. 感染する

3）つぎの（　　　）に合うものをa〜eの中から一つ選びなさい。

①彼はスーパーを2軒、レストランを3軒（　　　）います。

②詳しい内容はわかりました。社内で（　　　）お返事します。

③彼女の英語も、去年よりだいぶ（　　　）きたと思います。

④ただ今、会場が大変混雑しておりますので、入口で入場を（　　　）おります。

> a. 重視して　b. 制限して　c. 上達して　d. 検討して　e. 経営して

36 「〜する」の形の動詞③

Verbs ending in 'suru'③／「〜する」形式的动词③／"〜する"형태의 동사③

●た〜と

注目する ちゅうもく	to pay attention／注目／주목하다
挑戦する ちょうせん	to challenge／挑战／도전하다
追加する ついか	to add／追加／추가하다
通知する つうち	to notify／通知／통지하다
抵抗する ていこう	to resist／抵抗／저항하다
停電する ていでん	to have a blackout／停电／정전되다
統一する とういつ	to unify／统一／통일하다
倒産する とうさん	to go bankrupt／破产／도산하다
特定する とくてい	to identify／特定／특정하다

●は〜ほ

発見する はっけん	to discover／发现／발견하다
発言する はつげん	to speak／发言／발언하다
発行する こう	to publish／发行／발행하다
発展する てん	to develop／发展／발전하다
発売する ばい	to release／发售／발매하다
発明する めい	to invest／发明／발명하다
判断する はんだん	tojudge／判断／판단하다
販売する はんばい	to sell／出售／판매하다
分解する ぶんかい	to dissolve／分解／분해하다
分析する せき	to analyze／分析／분석하다
分類する るい	to classify／分类／분류하다
平均する へいきん	to average／平均／평균하다
変化する へんか	to change／变化／변화하다
変更する こう	to change／变更／변경하다

編集する へんしゅう	to edit／编辑／편집하다
防止する ぼうし	to prevent／防止／방지하다
保護する ほご	to protect／保护／보호하다
保証する しょう	to guarantee／保证／보증하다
保存する ぞん	to keep／保存／보존하다
翻訳する ほんやく	to translate／翻译／번역하다

●ま〜

矛盾する むじゅん	to contradict／矛盾／모순되다
流行する りゅうこう	to become prevalent／流行／유행하다
割引する わりびき	to discount／折扣／할인하다

①外国語やスポーツなど、何か新しいことに**挑戦**してみたいと思う。

②どんな意見でもいいので、みなさん自由に**発言**してください。

③田中さんと山田さんも行くそうなので、参加者リストに**追加**しておいてください。

④小説やエッセイなど、ジャンル別に**分類**して本棚に並べてあります。

⑤田中さんは、会社が**倒産**してしまったので、新しい仕事を探さなければならないそうです。

ドリル

1）a、bのうち、正しいほうを一つ選びなさい。

①デジカメで撮った写真は、まとめてDVDに（a. 保護する　　b. 保存する）ようにしている。

②パスポートを（a. 発見して　　b. 発行して）もらうには、役所に行かなければなりません。

③今年は、若い女性の間で短いスカートが（a. 流行して　　b. 販売して）いるようです。

④その新しい技術には、世界中が（a. 注目して　　b. 特定して）います。

⑤1枚目と2枚目で文字の大きさが違うよ。1枚目のほうに（a. 変化して　　b. 統一して）。

2）つぎの（　　）に合うものをa〜eの中から一つ選びなさい。

①どうして壊れたのかは、時計を（　　）中を見てみないとわかりません。

②もっと田舎の町かと思っていたけど、思ったより（　　）いて驚いた。

③雷が鳴ると同時に（　　）、部屋が真っ暗になってしまった。

④林さんは、言っていることとやっていることが（　　）いるので、信じられない。

> a. 発売して　b. 分解して　c. 発展して　d. 矛盾して　e. 停電して

3）つぎの（　　）に合うものをa〜eの中から一つ選びなさい。

①すみません、明日の予約の時間を（　　）ことはできますか。

②日によって違いますが、（　　）と、一日6時間くらいは寝ています。

③このドアは、事故を（　　）ために、自動で鍵がかかるようになっています。

④おいしさは私が（　　）から、一度その店に行ってみてよ。

> a. 平均する　b. 防止する　c. 編集する　d. 保証する　e. 変更する

カタカナの言葉①

katakana words①／外来语①／가타카나 어①

●～する

アクセス(する)	access／链接／접속(하다)
アピール(する)	appeal／呼吁、显示／어필(하다)
アレンジ(する)	arrangement／安排／어레인지(하다)
イメージ(する)	image／印象／이미지(하다)
オーバー(する)	over／超过／오버(하다)
ガイド(する)	guide／指南／가이드(하다)
カット(する)	cut／剪切／커트(하다)
カバー(する)	cover／覆盖／커버(하다)
キャンセル(する)	cancellation／取消／캔슬(하다)
コメント(する)	comment／评论、解释／코멘트(하다)
コレクション(する)	collection／收集／컬렉션(하다)
サービス(する)	service／服务／서비스(하다)
ダイエット(する)	diet／减肥／다이어트(하다)
タッチ(する)	touch／接触／터치(하다)
トレーニング(する)	training／训练／트레이닝(하다)
ヒット(する)	hit／大受欢迎／히트(하다)
フォロー(する)	follow／支持、补充／지원(하다)
プラス(する)	plus／添加／플러스(하다)
プリント(する)	print／印刷／프린트(하다)
プレゼン(する)	presentation／介绍、说明／설명(하다)
マスター(する)	master／掌握／마스터(하다)
リサイクル(する)	recycling／再回收利用／리사이클(하다)
リラックス(する)	relaxation／轻松／릴랙스(하다)
レッスン(する)	lesson／课程／레슨(하다)
レンタル(する)	rental／租借／렌털(하다)

●カタカナ語＋V/N

ゴールを決める	to get a goal／进球／골을 넣다
コミュニケーションをとる	to communicate／交流／커뮤니케이션을 하다
バランスがいい	balance is good／保持平衡／밸런스가 좋다
プランを立てる	to make a plan／定计划／플랜을 세우다
ボリュームがある	substantialicious／有分量／볼륨이 있다
ボリュームが大きい	volume is big／声音大／볼륨이 크다
ダメージを受ける	receive damage／受到损失／대미지를 받다
チャンスがある	there is a chance／有机会／찬스가 있다
クレームをつける	to make a complaint／索赔／클레임을 걸다
ストレスがたまる	to feel stress／精神紧张／스트레스가 쌓이다
タイミングがいい	the timing is right／时机好／타이밍이 좋다
カロリーが高い	have a high calorie content／热量高／칼로리가 높다

●～な

オーバーな	overdone／夸大／오버인
カジュアルな	casual／休闲的／캐주얼한
コンパクトな	compact／小型的／콤팩트한
シンプルな	simple／简单的／심플한
スマートな	slender／漂亮的／스마트한
スムーズな	smooth／顺利的／스무드한
スリムな	slim／纤细的／슬림한
ハードな	hard／硬的、严厉的／하드한
プライベートな	private／个人的、私人的／사적인

①「どっちにする？」「こっちのほうがいいんだけど、これだと、予算を少し**オーバーする**んだよね」
②新しいソフトの使い方、もう**マスターした**から、何でも聞いて。
③この本、500ページもあるんだ。ずいぶん**ボリューム**があるね。
④仕事は忙しいし、上司には怒られるし。毎日**ストレス**がたまるよ。
⑤9月の連休にどこに行くか、今、友だちと**プラン**を立てているところです。

ドリル

1）a、bのうち、正しいほうを一つ選びなさい。

①このスポンジは大きいですが、好きな大きさに（a. カバー　　b. カット）して使えるんです。
②3000円のコースを頼んだら、デザートを（a. サービス　　b. コメント）してくれた。
③この商品は、100万個売れたわが社の一番の（a. ヒット　　b. ガイド）商品です。
④「（a. コンパクトな　b. カジュアルな）服装でどうぞ」だって。じゃ、スーツはやめよう。
⑤私の就職が決まった時、母は泣いて喜んだんです。ほんと、（a. ハード　　b. オーバー）なんですよ。

2）つぎの（　　　）に合うものをa～eの中から一つ選びなさい。

①「きれいな着物！　買ったの？」「ううん。買うと高いから、（　　　）したんだ」
②「1、2……全部で10個だね」「ごめん、この2個も（　　　）してくれる？」
③この曲は、さくらの花を（　　　）して作ったものです。
④私が一番（　　　）するのは、自分の部屋で大好きな曲を聴いているときです。

a. リラックス　b. レンタル　c. プラス　d. イメージ　e.レッスン

3）つぎの（　　　）に合うものをa～eの中から一つ選びなさい。

①今回は失敗したけど、また次の（　　　）があるよ。頑張ろう。
②テレビの（　　　）が大きい。ちょっと小さくしてくれる？
③日本に来たばかりのころは、いくつかの簡単な日本語に英語を加えて、なんとか（　　　）をとっていた。
④いすの並べ方が気になるなあ。そっちに2個で、こっちに6個だと、（　　　）が悪いよ。

a. バランス　b.クレーム　c. コミュニケーション　d. ボリューム　e. チャンス

101

38 カタカナの言葉②

katakana words②／外来语②／가타카나 어②

●短くしたもの Abbreviations／缩短的词语／생략형

エコ（←エコロジー）	eco／生态学／환경, 자연
マスコミ（←マス・コミュニケーション）	media／媒体／매스컴
ファミレス	family restaurant／家庭餐馆／패밀리 레스토랑
ラッシュ	rush／交通高峰时间／러시
バーゲン	sale／打折／바겐세일
ソフト（ソフトウェア）	software／软件／소프트

●あ～お

アレルギー	allergy／过敏／알레르기
イベント	event／活动／이벤트
イラスト	illustration／插图／일러스트
インスタント食品	convenience food／快餐食品／인스턴트 식품
エチケット	etiquette／礼貌／에티켓
エネルギー	energy／能量／에너지
エンジニア	engineer／工程师／엔지니어
オリジナル	original／独创的、创新的／오리지널

●か～こ

カタログ	catalogue／商品目录／카탈로그
カラー	color／彩色／컬러
カルチャー	culture／文化／컬처
キャンパス	campus／校园／캠퍼스
グラウンド	ground／操场／그라운드
クレジットカード	credit card／信用卡／신용 카드

コース	course／路线／코스
コード	cord／代码／코드
コーナー	corner／角落／코너
コマーシャル	commercial／广告／커머셜
コンクール	contest／比赛／콩쿠르
コンセント	outlet／插座／콘센트
コンテスト	contest／竞赛／콘테스트
コンパ	party／联谊会／친목회

●さ～そ

サイズ	size／尺寸／사이즈
サイト	site／网页／사이트
サラリーマン	office worker／工薪阶层／샐러리맨
サンプル	sample／样品／샘플
シーズン	season／季节／시즌
システム	system／体系／시스템
ジャンル	genre／类别／장르
シリーズ	seires／系列／시리즈
シングル	single／单一／싱글
スタイル	style／姿势、风度／스타일
スタンド	stands／饮食店面向柜台的坐席／스탠드
ステージ	stage／舞台／스테이지
ストレート	straight／直接／스트레이트
スペース	space／空间／스페이스

①毎朝、通勤ラッシュがすごくて、会社に行くだけで疲れてしまいますよ。
　まいあさ　つうきん　　　　　　　　　かいしゃ　い　　　　　　つか

②「このチョコ、売れてるんだって」「ああ、最近、コマーシャルでよく見るよ」
　　　　　　　う　　　　　　　　　　　　　さいきん　　　　　　　　　　み

③こちらのバッグはいかがですか。当店オリジナルのデザインなんです。
　　　　　　　　　　　　　　　　とうてん

④この辺はオフィス街だから、ランチタイムはどの店もサラリーマンでいっぱいみたいだね。
　　へん　　　　　がい　　　　　　　　　　　　みせ

⑤「公園の桜がきれいだったよ」「そう言えば、そろそろ花見のシーズンだね」
　こうえん　さくら　　　　　　　　　　　い　　　　　　　　はなみ

ドリル

1）a、bのうち、正しいほうを一つ選びなさい。
　　　　　　　ただ　　　　ひと　えら

①（a. アレルギー　　　b. エネルギー）で、小さいころから卵が食べられないんです。
　　　　　　　　　　　　　　　　　　　　ちい　　　　　たまご　た

②本棚を置きたいんだけど、部屋が狭くて(a. ストレート　　　b. スペース）がない。
　ほんだな　お　　　　　　　へや　せま

③たくさんの(a. カタログ　　　b. カルチャー）を見て、その中から希望の商品を選びました。
　　　　　　　　　　　　　　　　　　　　　み　　　　なか　きぼう　ひょうひん　えら

④うちの大学の(a. キャンパス　　　b. ファミレス）は広いから、みんな自転車で移動しています。
　　　だいがく　　　　　　　　　　　　　　　ひろ　　　　　　　　じてんしゃ　いどう

⑤ホテルの部屋には(a. コンセント　　　b. コーナー）が一カ所しかなかった。
　　　　へや　　　　　　　　　　　　　　　　いっ　しょ

2）つぎの（　　　　）に合うものをa～eの中から一つ選びなさい。
　　　　　　　あ　　　　　　　　　　なか　　えら

①新しく出たシャンプーの（　　　　）を使ってみたんだけど、香りがよかった。買ってみようか
　あたら　で　　　　　　　　　　　　　つか　　　　　　　　　　かお　　　　　　　か
　なあ。

②さくらさんって、絵も上手なんだね。この（　　　　）、すごくかわいい。
　　　　　　　　え　じょうず

③「この 2000 円の（　　　　）はどう？　デザートも付いてるよ」「いいね。それにしよう」
　　　　　　えん　　　　　　　　　　　　　　　　つ

④新聞社とかテレビ局とか、（　　　　）関係に就職したい。
　しんぶんしゃ　　　きょく　　　　　　　かんけい　しゅうしょく

> a. コース　　　b.マスコミ　　　c. サンプル　　　d. イラスト　　　e. エコ

3）つぎの（　　　　）に合うものをa～eの中から一つ選びなさい。
　　　　　　　あ　　　　　　　　　　なか　ひと　えら

①この作家の「電車で旅行」（　　　　）が好きなんだ。全部持ってるよ。
　　さっか　でんしゃ　りょこう　　　　　　　　す　　　　　　ぜんぶも

②「どんな（　　　　）の音楽が好きなの？」「ロックかなあ」
　　　　　　　　　おんがく

③そのヘア（　　　　）、かわいいね。よく似合ってる。
　　　　　　　　　　　　　　　　　　にあ

④もう少し大きい（　　　　）はないですか。Mだと、ちょっと小さいんです。
　　すこ　おお　　　　　　　　　　　　　　　　　　ちい

> a. ジャンル　　b. シリーズ　　c.イベント　　d. サイズ　　e. スタイル

39 カタカナの言葉③

katakana words③／外来语③／가타카나 어③

●た〜と

タイプ	type／类型／타입
ダブル	double／双重／더블
タレント	talent／主持人／탤런트
ツイン	twin／双胞胎／트윈
データ	data／数据／데이터
テーマ	theme／课题／테마
トラブル	trouble／惹麻烦／트러블

●は〜ほ

パートナー	partner／伙伴／파트너
パターン	pattern／类型／패턴
ビタミン	vitamins／维生素／비타민
ヒント	hint／提示／힌트
ブーム	boom／〜热／붐
プライバシー	privacy／私人隐私／프라이버시
プラスチック	plastic／塑料／플라스틱
ブランド	brand／名牌／브랜드
フリーサイズ	one-size-fits-all／均码／프리 사이즈
フリーダイヤル	toll free number／免费通话／프리 다이얼
フリーマーケット	flea market／自由市场／프리마켓
ベテラン	veteran／有经验多人／베테랑
ポイント	point／点数／포인트

●ま〜

マナー	manner／礼貌／매너
マナーモード	silent mode／振动模式／매너모드
ムード	mood／样式、形式／무드
メッセージ	message／留言／메시지
ユニーク	unique／独特的／유니크
ライバル	rival／竞争对手／라이벌
リーダー	leader／领导／리더
ルール	rule／规则／룰
レシート	receipt／收据／리시트
レベル	level／水平／레벨

例文（れいぶん）

①「ずっと**リード**してたのに、また逆転されたの？」「最近、よくある**パターン**だよ」

②「昨日の講演会、面白かったよ」「アマゾンの自然保護が**テーマ**だったんでしょ？　ぼくも行きたかったな」

③この国では今、日本の食べ物がちょっとした**ブーム**で、いろんなお店の新メニューとして登場しています。

④まだわからないことが多いので、**ベテラン**の人にいろいろ教えてもらっています。

⑤授業中は携帯が鳴らないように、**マナーモード**にしています。

ドリル

1）a、bのうち、正しいほうを一つ選びなさい。

①友だちと2人で泊まるので、（a. ツイン　　b. ダブル）の部屋を予約した。

②ゲームの（a. レベル　　b. ルール）がよくわからないんだけど、どうやったら勝ちなの？

③この（a. タイプ　　b. ムード）の商品は操作が簡単なので、子どもでも使える。

④あの人、（a. パートナー　　b. タレント）の田中ひろしじゃない？　テレビでよく見るよ。

⑤全然答えがわからない。ねえ、何か（a. ヒント　　b. ムード）ちょうだい。

2）つぎの（　　　）に合うものをa〜eの中から一つ選びなさい。

①彼は小さいころからの（　　　）なので、負けたくないんです。

②「お金、足りないかも」「大丈夫だよ。カードの（　　　）がたまってるから、それを使おう」

③買い物の（　　　）がたまって、財布がいっぱいになってる。

④この通りには、海外の高級（　　　）のお店がいっぱい並んでいる。

> a. ライバル　b. ポイント　c. ビタミン　d. ブランド　e. レシート

3）つぎの（　　　）に合うものをa〜eの中から一つ選びなさい。

①何か（　　　）が起こったら、まず、部長に報告してください。

②あの人、見た？　今、道にゴミを捨てたよ。（　　　）が悪いなあ。

③彼の意見はいつも（　　　）で、ほかの人とは全く違う。

④この番号にかけるなら、（　　　）なのでお金がかかりません。

> a. フリーダイヤル　b. ユニーク　c. トラブル　d. マナー　e. フリーマーケット

●頭・顔　Head and Face／头·脸／머리 얼굴

頭が上がらない　昔よく世話になったから、先輩には**頭が上がらない**。
（あたま・あ　むかし・せわ　せんぱい　あたま・あ）
He's a senior who treated me really well in the past, so I can't say no to him.／过去经常受到学长的照顾, 所以抬不起头。／옛날에 자주 신세를 져서 선배님에게는 머리를 들 수가 없다

頭が痛い　必ず誰かから不満が出る。**頭が痛い**問題だよ。
（あたま・いた　かなら・だれ　ふまん・で　あたま・いた　もんだい）
Someone is definitely going to be unhappy about this. We're racking our brains to try and deal with this problem.／一定会有人不满的。真是个头疼的问题。／반드시 누군가에게서 불만이 나온다. 골치 아픈 문제다.

頭が固い　部長は**頭が固い**から、何を言ってもむだだよ。
（あたま・かた　ぶちょう　あたま・かた　なに・い）
The manager is really inflexible. It's useless no matter what you say.／部长很顽固, 说什么都没用。／부장님은 사고가 틀에 박혀 있어서 무엇을 말해도 소용없어.

頭が下がる　この人、ずっとボランティアでお年寄りの世話をしてるんだって。**頭が下がる**ね。
（あたま・さ　ひと　としよ・せわ　あたま・さ）
This guy has apparently been volunteering to take care of the elderly all this while. Isn't that admirable?／听说这个人一直都做志愿者照顾老人。真让人佩服。／이 사람, 쭉 자원봉사로 노인을 돌보고 있대. 고개가 숙여진다.

頭に来る　こんな返事を送ってきて、**頭に来た**。
（あたま・く　へんじ・おく　あたま・き）
I got really pissed off by this reply.／给这样的回信, 真让人生气。／이런 답을 보내와서 화가 났다.

頭を下げる　あんなやつに**頭を下げる**つもりはない。
（あたま・さ　あたま・さ）
I have no intention of bowing to a guy like that.／我不准备对那家伙低头。／저런 녀석에게 머리를 숙일 생각은 없다

頭を使う　なんでこんなむだなことをしたの？　もうちょっと**頭を使ったら**？
（あたま・つか　あたま・つか）
Why did you do such a pointless thing? Why don't you try using your head a bit more?／怎么做这种徒劳没用的事呢? 再用用脑子啊！／왜 이런 쓸데 없는 일을 했니? 좀 더 머리를 쓰면 어때?

顔を出す　明日のパーティーには、ちょっとだけ**顔を出す**つもりです。
（かお・だ　あした　かお・だ）
I'm planning to drop by tomorrow's party.／明天的晚会, 我只想稍微出席一下。／내일 파티에는 조금만 얼굴을 내밀 생각입니다.

●目・耳　Eyes and Ears／眼睛·耳朵／눈 귀

目がない　甘いものには**目がない**んです。
（め　あま　め）
I have a weakness for sweet foods.／对甜食着迷。／단것에는 정신이 없다

目につく　最近、電車の中のマナーの悪さが**目につく**。
（め　さいきん・でんしゃ　わる　め）
You really notice the atrocious manners of people on the train recently.／最近, 电车中没礼貌的现象太显眼了。／최근 전차 안에서 매너가 나쁜 것이 눈에 띈다.

目を疑う　テレビで彼女を見た時は、**目を疑った**。
（め・うたが　かのじょ・み・とき　め・うたが）
I couldn't believe my eyes when I saw her on TV.／电视上见到她的时候, 真不敢相信自己的眼睛。／텔레비전에서 그녀를 보았을 때는 눈을 의심했다.

目を通す　一度、資料に**目を通して**おいてください。
（め・とお　いちど・しりょう　め・とお）
Please look through the documents once.／请浏览一下这份资料。／한번 자료를 훑어 보아 두세요.

目を引く　このポスターは**目を引き**ますね。
（め・ひ　め・ひ）
This poster really catches your eye.／这个广告引人注目。／이 포스터는 눈을 끄네요.

甘く見る　小さな問題と思って**甘く見る**と、大変なことになるよ。
（あま）（み）　　（ちい）（もんだい）（おも）　　　　　　　（たいへん）
If you underestimate the seriousness of a small problem, it's going to turn into a huge pain.／太轻视小问题,就会变成严重的问题。／작은 문제라고 생각해서 쉽
게 보면 큰일이 된다.

耳が遠い　父も年をとって、だんだん**耳が遠く**なってきた。
（みみ）（とお）　（ちち）（とし）
My father has been getting on in years, too - his hearing is getting worse and worse.／父亲上年纪了,渐渐地耳朵也不灵了。／아버지도 나이를 먹어서 점점 귀가
멀어졌다.

耳を疑う　最初、それを聞いた時は、**耳を疑い**ました。
（みみ）（うたが）　（さいしょ）　　　　　（き）（とき）
I couldn't believe my ears when I first heard about it.／最初听到这个的时候,真是难以置信。／처음에 그것을 들었을 때는 귀를 의심했습니다.

●口　Mouth／口、嘴／입

口がうまい　彼は**口がうまい**からね。あんまり信用しないほうがいいよ。
（くち）　　　（かれ）　　　　　　　　　　　　（しんよう）
He's a real smooth talker. You shouldn't believe what he says.／他会说奉承话。不太相信他为好。／그는 말솜씨가 좋으니까. 그다지 신용하지 않는 편이 좋아.

口に合う　「それ、**口に合わなかった**？」「辛いのがちょっと苦手なんです」
（くち）（あ）　　　　　　（くち）（あ）　　　　　（から）　　　　　（にがて）
"You didn't like it?" "I can't really eat spicy foods."／"这个不合口味儿吗?""我不太能吃辣的。"／"그것, 입에 맞지 않았니?" "매운 것을 잘 못 먹어요."

口にする　こういう食べ物は、今まで**口にした**ことがなかった。
（くち）　　　　　　　（た）（もの）（いま）
I've never eaten this sort of thing before.／像这样的食品,我过去没吃过。／이런 음식은 지금까지 먹은 적이 없었다.

口を出す　関係がないのに、**口を出さない**でほしい。
（くち）（だ）　（かんけい）
I'd appreciate it if you didn't interfere - it doesn't concern you.／和你没关系,别插嘴为好。／관계없는 것에 참견하지 말아 주었으면 한다.

●手・足　Hands and foots／手・脚／손 다리

手が空く　**手が空いたら**、手伝ってほしい。
（て）（あ）　　（て）（あ）　　（て）（つだ）
If you're free, I'd like you to give us a hand.／要是有空的话,请帮一下忙。／손이 비어있으면 도와 주었으면 한다.

手がかかる　小さい子供は**手がかかります**ね。
（て）　　　　（ちい）（こども）
Young kids are quite a handful, aren't they?／小孩子比较麻烦。／어린아이는 손이 많이 갑니다.

手が足りない　**手が足りなくて**困ってるんです。ちょっと手伝ってもらえませんか。
（て）（た）　　　　（て）（た）（こま）　　　　　　　　（て）（つだ）
It's no good, we're short of hands. Could you help us out a bit?／人手不够,很为难。能帮帮忙吗?／일손이 부족해서 곤란합니다. 조금 도와 주실 수 없습니까?

手が離せない　ごめんなさい。今、ちょっと**手が離せない**んです。
（て）（はな）　　　　　　　　（いま）
Sorry, I'm in the middle of something right now.／对不起,现在太忙,离不开。／미안해요. 지금 일손을 놓을 수가 없어요.

手に入れる／**手に入る**　やっとチケットを**手に入れた**。／チケットが**手に入る**かもしれない。
（て）（い）　　（て）（はい）　　　　　　　　　（て）（い）　　　　　　　　　（て）（はい）
I finally managed to get the tickets./We might be able to get the tickets.／终于把票弄到手了。/可能票到手了。／간신히 티켓을 손에 넣었다./티켓이 손에 들어올지
도 모른다.

手につかない　試合が気になって、仕事が**手につかない**。
（て）　　　　（しあい）（き）　　　（しごと）
My mind's on the game - I can't concentrate on my work.／想着比赛,无法专心工作。／시합이 신경이 쓰여서 일이 손에 잡히지 않는다.

手を貸す　これを運ぶから、ちょっと**手を貸して**くれない？
（て）（か）　　　　　（はこ）　　　　　　（て）（か）
I'm going to move this - could you lend me a hand?／我要搬这个,能帮帮忙吗?／이것을 나를 테니까 조금 손을 빌려 주지 않을래?

手をつける　その仕事は、まだ**手をつけて**いません。
（て）　　　　　　　（しごと）　　　（て）
I haven't started on that job yet.／那个工作还没有开动呢。／그 일은 아직 손을 대지 못했습니다.

手を抜く　値段を安くしても、**手を抜い**たりしません。

Even if I lower my prices, I won't cut corners.／价格变便宜了，也不能偷工减料。／가격을 싸게 해도 대충해 넘기지 않습니다.

足を伸ばす　今度の京都出張では、大阪まで**足を伸ばす**つもりです。

I'm going to venture a bit further out to Osaka on this business trip to Kyoto.／这次出差到京都,打算去趟大阪。／이번의 교토출장에서는 오사카까지 발을 뻗어 볼 생각입니다.

足を運ぶ　雨の中、**足を運ん**でいただき、ありがとうございました。

Thank you very much for coming despite the rain.／谢谢您下雨都过来。／빗속에 와 주셔서 감사합니다.

●気　Ki／心情、心绪、心境／마음, 기분, 신경

気がきく　彼女は**気がきく**から、秘書に向いていると思う。

She's really smart and attentive - she'd make an ideal secretary.／她很聪明,适合做秘书。／그녀는 싹싹하니까 비서가 직업으로 맞다.

気が進まない　パーティーに誘われたけど、あまり**気が進まない**。

I was invited to a party, but I don't really feel up to it.／虽然被邀请去参加聚会,但没心思去。／파티에 같이 가자고 했지만, 그다지 마음이 내키지 않는다.

気のせい　誰かいると思ったけど、**気のせい**だった。

I thought there was someone there, but it was just my imagination.／我还以为有人在呢,原来是心理作用。／누군가 있다고 생각했는데 그렇다고 생각해서 그럴까?

気が合う　あの二人は**気が合う**みたいで、いつも一緒でした。

Those two seem to get along really well - they were always together.／那两人好像很合拍,总是在一起。／저 두사람은 마음이 맞는것 같아 항상 함께이었습니다.

～気がする　今回は勝てる**気がする**。／疲れて、勉強する**気がしない**。

I think we stand a chance at winning this time. / I'm tired and don't feel like studying.／我感觉这次能获胜。/太累了,没心思学习。／이번은 이길수 있을것 같은 생각이 든다./피곤해서 공부할 마음이 들지 않는다.

気が早い　もう夏休みの話？　**気が早い**なあ。まだ３月だよ。

Already thinking about the summer vacation? Isn't that a bit hasty? It's only March.／已经在说暑假的事了? 太性急了吧。才三月份啊。／벌써 여름방학 이야기? 성급하네. 아직 3월이야.

気になる〔気にかかる〕　仕事のことが**気になって**、なかなか眠れない。

I'm worried about work and haven't been able to sleep well.／担心工作的事情,怎么也睡不着。／일이 걱정이 되어 좀처럼 잠 들 수가 없다.

気が散る　**気が散る**から、テレビの音を少し下げてくれない？

Could you turn the TV down a little? It's distracting me.／我集中不了,能把电视声音关小一点吗？／주의가 흩어지니까 텔레비전 소리를 조금 낮춰주지 않을래?

●その他

首を長くする　じゃ、その日を**首を長くして**待ってます。

I look very much forward to it.／那我们就翘首期待了。／자, 그날을 고대하겠습니다.

肩を並べる　日本もやっと、この分野でほかの国と**肩を並べる**ようになった。

Japan has finally caught up with other countries in this field.／日本最终在这个领域和其他国家齐驱并驾。／일본도 겨우 이 분야에서 다른 나라와 어깨를 견줄 수 있게 되었다.

腕がいい　ここのシェフは**腕がいい**ね。

The chef here is amazing.／这里的厨师技术水平很高。／여기의 요리사는 솜씨가 좋군.

腕を磨く　彼らは、いろいろなバンドのコピーをしながら、**腕を磨いた**。

They honed their chops by copying the styles of many different bands.／他们模仿各种各样的乐队,磨练本领。／그들은 여러 밴드의 흉내를 내면서 솜씨를 닦았다.

例　文

①「どうしよう。レポート提出が間に合わないよ」「先生に**頭を下げて**、待ってもらったら？」

②「田中さん、このごろ元気がないと思わない？何かあったのかな。」「そう？　**気のせい**じゃない」

③「最近カフェが増えましたよね」「ええ。街を歩いていると、よく**目につき**ますね」

④「年末はどこに旅行に行こうかな」「**気が早い**なあ。年末までまだ10カ月以上あるのに」

⑤虫歯を放っておくと、さまざまな病気に発展することがあるので、**甘く見て**はいけない。

ドリル

1）a、bのうち、正しいほうを一つ選びなさい。

①A大学病院の鈴木先生は、若いけど、（a. 口がうまい　　b. 腕がいい）と評判だ。

②最近、こういう（a. 気　　b. 頭）を使うゲームも、けっこう人気です。

③田中部長は、部下の休日の過ごし方にまで（a. 口　　b. 顔）を出すから、みんなに嫌がられている。

④母は、兄が留学から一時帰国するのを（a. 足を伸ばして　　b. 首を長くして）待っている。

⑤あの人とは気が（a. 合わない　　b. 散らない）ので、よくけんかになる。

2）つぎの（　）に合うものをa〜eの中から一つ選びなさい。

①森教授は、これまでにまだだれも（　　　　）いない分野の研究をしている。

②田中さんはいつも丁寧に仕事をする人で、どんなに忙しくても（　　　　）ことはない。

③12時を過ぎても娘が帰って来ないので、夫は心配で何も（　　　　）ようだ。

④すみません、今、ちょっと（　　　　）ので、誰か代わりに電話に出てもらえませんか。

> a. 手につかない　b. 手が離せない　c. 手を抜く　d. 手を貸して　e. 手をつけて

3）つぎの（　）に合うものをa〜eの中から一つ選びなさい。

①（　　　　）なら、無理して参加しなくてもいいですよ。

②家を買うときは、その場所に何度も（　　　　）、周りの環境を確認したほうがいい。

③最近忙しくて、いつもいらいらしているので、小さいことでもすぐに（　　　　）。

④ざっと（　　　　）だけで、まだしっかりと読んでいません。

> a. 目を通した　b. 耳を疑って　c. 頭に来る　d. 気が進まない　e. 足を運んで

問題1 （　　　　）に入れるのに最もよいものを、1・2・3・4から一つ選びなさい。

① すみません。間違えて切符を買っちゃったんですが、払い（　　　　）もらえませんか。
  1　戻して　　　　　2　返って　　　　　3　直して　　　　　4　続けて

② 元のデータが間違っていたので、資料は全部作り（　　　　）ことになった。
  1　止める　　　　　2　直す　　　　　3　回る　　　　　4　出す

③ あ、もう本屋も閉まってるね。残念だけど、駅に引き（　　　　）ことにしよう。
  1　返す　　　　　2　下げる　　　　　3　止める　　　　　4　受ける

④ この試験は年に2回しか（　　　　）されないから、きちんと勉強しないと。
  1　実施（じっし）　　　　　2　改行　　　　　3　発行　　　　　4　実行

⑤ 最近、どろぼうが増えているらしいから、うちも（　　　　）しないとね。
  1　用心　　　　　2　両替　　　　　3　納得（なっとく）　　　　　4　熱中

⑥ 「この車が欲しい」「これじゃ予算（　　　　）だから、もう少し安いのにしよう」
  1　フォロー　　　　　2　プラス　　　　　3　バーゲン　　　　　4　オーバー

⑦ 「ねえ、掃除機を使いたいんだけど、（　　　　）はどこ？」「机の後ろだよ」
  1　コンセント　　　　　2　コンパクト　　　　　3　コンテスト　　　　　4　コンクール

⑧ 「この服、似合ってる？」「うーん、ちょっとスカートと靴の（　　　　）が悪いかな」
  1　エチケット　　　　　2　タイミング　　　　　3　バランス　　　　　4　タイプ

⑨ 「ちょっと手伝って」「わかった。（　　　　）、すぐ行くよ」
  1　腕を磨いたら　　　　　2　足を運んだら　　　　　3　目を引いたら　　　　　4　手が空いたら

⑩ 「レポート書いた？」「まだ。最近、毎晩隣の部屋がうるさくて、（　　　　）んだよ」
  1　頭が上がらない　　　　　2　耳を疑う　　　　　3　口を出す　　　　　4　気が散る

問題2 ______ に意味が最も近いものを、1・2・3・4から一つ選びなさい。

① これ、会議までに印刷しておいてください。
　　1　キャンセルして　　2　イメージして　　　3　プリントして　　　4　マスターして

② ホテルの会員には、イベントのお知らせが届く。
　　1　催し　　　　　　　2　見学　　　　　　　3　場所　　　　　　　4　季節

③ 電話がつながらなかったら、伝言を残しておいてください。
　　1　ヒント　　　　　　2　メッセージ　　　　3　ポイント　　　　　4　ゴール

④ 結婚したばかりのころはスマートだったのに、最近太ってきた。
　　1　レンタル　　　　　2　シリーズ　　　　　3　スリム　　　　　　4　レシート

問題3 次の言葉の使い方として最もよいものを、一つ選びなさい。

① スペース
　　1　もうすこし片づけないと、机を置くスペースがないよ。
　　2　急がなくていいから、君のスペースでやればいいよ。
　　3　私の今のスペースじゃ、この大学には合格できないと思う。
　　4　彼は性格もスペースもいいから、とても人気がある。

② 目がない
　　1　父は最近目がなくなって、新聞が読みにくくなったと言う。
　　2　私は、甘いものに目がないんです。
　　3　すみません、今目がなくて。この仕事が終わったら手伝います。
　　4　彼は、この辺では知らない人がいないほど目がない。

③ 割り込む
　　1　このケーキを半分に割り込んで食べよう。
　　2　ガラスが割り込んでいるから、けがをしないように気をつけて。
　　3　私、さっきから並んでるんですけど。列に割り込まないでください。
　　4　試験に失敗したせいで、彼はずいぶん割り込んでしまっている。

擬音語・擬態語①
ぎ おん ご　　ぎ たい ご
Mimetic expressions①／拟声词・拟态词①／의성어・의태어①

●気持ち　feeling／心情／기분
き も

うきうき　今日はデートなので、姉は朝から**うきうき**している。
きょう　　　　　　　　　あね あさ

My elder sister has a date tonight, so she's been in a good mood since this morning.／今天约会,姐姐从早上起就喜形于色。／오늘은 데이트여서 언니는 아침부터 마음이 들떠 있다.

わくわく　プレゼントの箱を開けるときは、**わくわく**するね。
はこ あ

It's really exciting to open the box of a present, isn't it?／打开礼物箱的时候,心扑通扑通地跳。／선물 상자를 열 때는 두근두근하네.

さっぱり　髪を切って、**さっぱり**した。／この料理は**さっぱり**している。／問題が難しくて、**さっぱり**わからなかった。
かみ き　　　　　　　　　　りょう り　　　　　　　　　　もんだい むずか

I felt refreshed after getting a haircut./ This dish is really light-tasting./ The question was really tough - I didn't have a clue.／剪了头发以后,变清爽了。/这道菜很清淡。/问题太难,一点儿都不懂。／머리를 잘라서 개운하다./이 요리는 개운한 맛이다./문제가 어려워서 전혀 모르겠었다.

●人の様子　someone's atmosphere／人的样子／사람의 모습
ひと　　よう す

ぐったり　子供が熱を出して、**ぐったり**している。
こども ねつ だ

The kid is running a fever - he's feeling really exhausted.／孩子发热,身上软弱无力。／아이가 열을 내어 축 늘어져 있다.

くよくよ　もう終わったことだから、**くよくよ**しても仕方がない。
おわ　　　　　　　　　　　　　　　　しかた

It's no use fretting over it - it's already over and done with.／已经结束了,耿耿于怀也没用。／이제 끝났으니까 끙끙거려도 소용이 없다

●物の状態　thing's condition／物体的状态／사물의 상태
もの　　じょうたい

キラキラ　ダイヤの指輪が**キラキラ**光っている。
ゆび わ　　　　　　　　ひか

The diamond ring sparkles.／钻石戒指闪闪发光。／다이아몬드 반지가 반짝반짝 빛난다.

ふわふわ　このパンはやわらかくて、**ふわふわ**している。

This bread is soft and fluffy.／这个面包很松软。／이 빵은 부드러워서 푹신푹신하다.

めちゃくちゃ〔めちゃめちゃ〕　激しい衝突事故により、車は**めちゃくちゃ**に壊れていた。／今日は**めちゃくちゃ**暑い。
はげ　しょうとつ じ こ　　　　　くるま　　　　　　　　　　こわ　　　　　　　きょう　　　　　　あつ

Because of the heavy collision, the car was broken horribly./It's awfully hot today.／由于激烈的碰撞事故,车撞烂了。/今天太热了。／심한 충돌 사고에 의해 차는 엉망으로 부서져 있었다./오늘은 무척 덥다.

●変化　change／变化／변화
へん か

ぐんぐん　売り上げがぐんぐん伸びている
う あ　　　　　　　　　　の

Sales are growing steadily.／销售额不断上升。／매상이 쑥쑥 올라가고 있다.

どっと　駅から人がどっと出てきた。
えき ひと　　　　で

All these people suddenly came out of the station.／人们从车站蜂拥而至。／역에서 사람이 잔뜩 한꺼번에 나왔다.

①「どうしたの。ぐったりしてるね」「うん、昨日徹夜で仕事したから、疲れちゃって」

②「また仕事でミスしちゃったよ」「そんなにくよくよしないで。次、頑張ればいいじゃない。」

③「何だかうきうきしてるね」「わかる？　週末、彼と初めて食事に行くの」

④私は携帯にこういうキラキラした飾りを付けるのは、あんまり好きじゃない。

⑤子供たちが大勢で騒いだから、家の中がめちゃくちゃになってたよ。

ドリル

1）a、bのうち、正しいほうを一つ選びなさい。

①部屋を掃除して、いらないものを捨てたら、気分が（a. さっぱり　　b. ぐったり）した。

②暖かくなって緑も増えてくると、自然に心が（a. うきうき　　b. ふわふわ）してきます。

③去年植えた木が、（a. ぐんぐん　　b. わくわく）大きくなっている。

④あの（a. めちゃくちゃ　　b. キラキラ）輝いている赤っぽい星は何の星ですか。

⑤5日ぶりに出張から家に戻ったら、（a. くよくよ　　b. どっと）疲れが出た。

2）つぎの（　　）に合うものをa～eの中から一つ選びなさい。

①小さいことを（　　）悩む性格を変えたい。

②この布団は、軽くて（　　）して、暖かい。

③まるで星のように（　　）輝いていた。

④この選手は去年から（　　）力をつけている。

> a. キラキラ　　b. くよくよ　　c. うきうき　　d. ふわふわ　　e. ぐんぐん

3）つぎの（　　）に合うものをa～eの中から一つ選びなさい。

①今日はセールなので、開店と同時に大勢の客が（　　）店内に入ってきた。

②彼女は長い間迷っていたが、先月仕事をやめて、今は（　　）した顔をしている。

③合格の知らせを受けた時は、（　　）うれしかったです。

④妹は昨日、珍しく遅くまで残業して、（　　）して帰って来た。

> a. どっと　　b. ぐったり　　c. さっぱり　　d. めちゃくちゃ　　e. わくわく

●様子 ようす　look, air／状况／모습

しーんと〔しいんと〕　この辺りは周りに家がないので、夜は**しーんと**している。
あた　まわ　いえ　　よる
There are no other houses in this area, so it's deadly silent at night.／这附近没有人家户,晚上静悄悄的。／이 부근은 주변에 집이 없어서 밤에는 조용하다.

ずらっと　友達の家に行ったら、棚に本が**ずらっと**並んでいた。
ともだち　いえ　い　　たな　ほん　　なら
When I went to my friend's house, there were these whole rows of books on the shelves.／去到朋友家里,书架上摆着很多书。／친구 집에 갔더니 책장에 책이 쭉 꽂혀 있었다.

ちらっと　前を通ったとき、部屋の中が**ちらっと**見えた。
まえ　とお　　へ　や　なか　　　み
I caught a brief glimpse of the inside of the house when I passed by the last time.／通过前面的时候,隐约能看见房间里。／앞을 지났을 때 방 안이 흘끗 보였다.

ぼんやり　あの人はいつもぼんやりしている。／映像が**ぼんやり**していて、よく見えない。
ひと　　　　　　　　　えいぞう
He's always got his head in the clouds. /The image is out of focus - I can't really see it.／那个人总是稀里糊涂的。/画面模模糊糊,看不见。／저 사람은 항상 멍하니 있다. /영상이 흐릿해 잘 보이지 않는다.

●行動 こうどう　action／行动／행동

うろうろ　道に迷って**うろうろ**している人がいたので、道を教えてあげた。
みち　まよ　　　　　　　　　ひと　　　　　みち　おし
There was someone wandering around lost, so I gave him some directions.／有人迷路,转来转去的,我给他指路了。／길을 잃어 헤매는 사람이 있어서 길을 가르쳐주었다.

ごろごろ　日曜日は, 一日中家で**ごろごろ**していた。
にちようび　いちにちじゅういえ
I spent the whole of Sunday pottering around the house.／星期天,一天都在家里无所事事。／일요일은 하루 종일 집에서 뒹굴뒹굴 거렸다.

のろのろ　渋滞で車が**のろのろ**としか動かない。
じゅうたい　くるま　　　　　　　うご
The cars can only chug along sluggishly in this traffic jam.／堵车,车都只能缓慢行驶。／차량 정체로 자동차가 느릿느릿 밖에 움직이지 않는다.

こっそり　先生に気づかれないよう、**こっそり**教室から出て行った。
せんせい　き　　　　　　　　　　きょうしつ　で　い
I secretly slipped out of the classroom so that the teacher wouldn't notice.／为了不让老师发现,悄悄地走出了教室。／선생님에게 들키지 않도록 살짝 교실에서 나갔다.

せっせと　母は毎月**せっせと**貯金している。
はは　まいつき　　　　ちょきん
My mother saves money diligently every month.／母亲每个月都孜孜不倦地存钱。／엄마는 매달 부지런히 저금하고 있다.

ばったり　街で**ばったり**山本さんに会った。
まち　　　　　やまもと　　あ
I ran into Yamamoto-san unexpectedly in the street.／突然在街上碰到山本。／길에서 딱 야마모토 씨를 만났다.

例文
（れいぶん）

① 昨日、林さんの彼女の写真を**ちらっと**見せてもらった。きれいな人だったよ。

② **しーんと**した客席を前に話すのは、とても緊張します。

③「そこから赤い看板は見えませんか」「ああ、見えました。**ぼんやり**とですが」

（「さっきから目の前が**ぼんやり**して、よく見えないの」「疲れてるんじゃない？　少し休んだら？」）

④「来週はお父さんの誕生日だね」「うん。**こっそり**プレゼントを買おうよ」

⑤ 初めて新宿に来た時、駅の出口がわからなくて、**うろうろ**してしまいました。

ドリル

1）a、b のうち、正しいほうを一つ選びなさい。

① 20年間、（a. せっせと　　b. のろのろ）働いて、家を買いました。

② 開会のベルが鳴ると、会場は（a. ぼんやり　　b. しーんと）なった。

③ 店の前を（a. うろうろ　　b. ごろごろ）していたら、店の人が出てきた。

④ 兄はたばこをやめたと言っているが、（a. ばったり　　b. こっそり）吸っている。

⑤ ホテルの駐車場には、高級車が（a. ずらっと　　b. ちらっと）並んでいた。

2）つぎの（　　　）に合うものを a〜e の中から一つ選びなさい。

① さっきは（　　　）していて、電話する相手を間違えてしまった。

② 昨日、駅で昔の友人と（　　　）顔を合わせた。

③ このロボットの（　　　）した動きがおもしろい。

④ 朝起きて、パジャマのままソファーで（　　　）していたら、母に叱られた。

a. ぼんやり　　b. うろうろ　　c. ごろごろ　　d. ばったり　　e. のろのろ

3）つぎの（　　　）に合うものを a〜e の中から一つ選びなさい。

① お寺の中は（　　　）していて、中庭にある池の水の音しか聞こえなかった。

② その店の人気料理の作り方を聞いたら、ウェイトレスが（　　　）教えてくれた。

③「田中さんの結婚の話、聞いた？」「ええ。山本さんから（　　　）」

④ 劇が終わったあと、全員が舞台の前のほうに（　　　）並び、挨拶をした。

a. ずらっと　　b. しーんと　　c. ちらっと　　d. こっそり　　e. せっせと

つなぐ言葉（ことば）

Connection words／接续词／연결해 주는 말

●接続詞（せつぞくし） conjunctions／接续词／접속사

あるいは　卒業したら、大学院に進学するか、**あるいは**、留学しようかと思っています。
After I graduate, I'm thinking of going on to graduate school or studying abroad.／毕业以后, 是进大学院或者留学。／졸업하면 대학원에 진학하던지 또는 유학하려고 생각하고 있습니다.

こうして　**こうして**またお会いすることができて、とてもうれしいです。
I'm delighted to be able to meet you again under these circumstances.／像这样能再次相聚, 我非常高兴。／이렇게 또 만나 뵐 수 있어서 무척 기쁩니다.

さて　お得なランチだったね。満足、満足。**さて**、これからどこに行こうか。
This lunch was a really good deal - I feel really satisfied. OK, where shall we go now?／真是很划算的午餐啊。我很满足。那下面我们去哪里呢。／이익을 본 점심이었네. 만족, 만족. 자, 이제 어디로 갈까.

しかも　このソフトはとても便利で、**しかも**無料なんです。
This software is really easy to use. What's more, it's free.／这个软件非常方便, 而且, 都是免费的。／이 소프트웨어는 무척 편리하고 게다가 무료입니다.

したがって　当社の製品はすべて手作りなんです。**したがって**、一つ一つが微妙に違うんです。
All products manufactured by our company are made by hand. As a result, each of them is slightly different from all the rest.／本公司的产品都是手工制造。因此, 每一个都有微妙的差异。／당사의 제품은 모두 수제품입니다. 따라서 하나하나 미묘하게 다릅니다.

すなわち　会社の大きな財産の一つが人です。**すなわち**、皆さんです。
One of the greatest assets a company can have is its people - that is to say, all of you.／公司的巨大财产之一就是人。也就是在座各位。／회사의 큰 재산의 하나가 사람입니다. 즉 여러분입니다.

そういえば　**そういえば**、この間の話はどうなりましたか。
Speaking of which, how did the matter we discussed recently turn out?／对了, 上次说的事情怎么样了? ／그러고 보면 일전의 이야기는 어떻게 되었습니까?

そこで　今、このことが世界中で問題になっています。**そこで**、皆さんにお尋ねします。
This has now become a global problem. On that note, let me ask all of you a question.／现在, 这些都成为世界上的问题。因此, 我想问一下大家。／지금 이 일이 세계 속에서 문제가 되고 있습니다. 그래서 여러분에게 묻겠습니다."

そのうえ　今の仕事だけでも大変なのに、**その上**、海外出張に行くなんて、そんなの無理だよ。
It's hard enough dealing with the work I have now, but to go on an overseas business trip on top of that? There's no way!／现在的生活非常够呛。而且, 去海外出差, 这都是不好的。／지금의 일만으로도 힘든데 게다가 해외 출장에 가다니 그것은 무리이다.

それでも　うまくいかない可能性が高いけど、**それでも**やってみたい。
There's a pretty high chance that it won't turn out well, but I'd like to give it a shot anyway.／不成功的可能性很高, 即使这样我还是要试一下。／잘 되지 않을 가능성이 크지만 그래도 해 보고 싶다.

それとも　夏休みの旅行、京都に行く？　**それとも**、名古屋にする？
Shall we go to Kyoto for our summer vacation? Or should we do Nagoya instead?／暑假的旅行去京都吗? 还是去名古屋? ／여름 방학 여행으로 교토에 갈래? 그렇지 않으면 나고야로 할래?

それなのに　「お兄ちゃん、今朝、熱が38度あったんだって」「えっ、**それなのに**学校行ったの!?」
"I heard that my brother had a 38 degree fever this morning." "And he still went to school?!"／"哥哥, 今天早上发热发到三十八度。""咦, 这还去学校啊? "／「오빠, 오늘 아침 열이 38도 있었대」「어, 그런데 왜 학교에 갔어!?」

それにしては　「彼女、日本に来てから日本語を習い始めたんだって」「へーそれにしては、うまいね」
"She started studying Japanese after she came to Japan." "That's really good (for a beginner, etc.)."／"听说她是来到日本以后才学日语的。""是吗, 那已经很不错啦! "／「그녀, 일본에 오고 나서 일본어를 공부하기 시작했대.」「그렇구나, 그렇다고 해도 잘하네.」

それにしても　それにしても、この本は面白いね。
Even so, this book is really interesting.／即使这样,这本书也很有趣。／그렇다고 해도 이 책은 재미있다.

だが　実験は失敗をくり返した。**だが**、彼らは決してあきらめなかった。
Although the experiments ended in a string of failures, they never gave up.／实验重复着失败。但是,他们绝不会放弃。／실험은 실패를 반복했다. 그렇지만, 그들은 결코 포기하지 않았다.

だけど　「今度の講演会は面白そうだね」「**だけど**、行けないんでしょ?」
"The lecture looks interesting, doesn't it?" "Yeah, but you can't go, right?"／"这次的演讲会好像挺有趣的啊。""但是,不能去啊。"／「이번 강연회는 재미있을 것 같다」「하지만, 갈 수 없지?」

ただ　ワンさんは優しくてかわいい人です。**ただ**、怒ると怖いですよ。
Wang-san is a really nice, charming guy. It's scary when he gets mad, though.／小王很温柔可爱啊。就是生气起来很恐怖。／왕씨는 상냥하고 귀여운 사람입니다. 단, 화나면 무섭습니다.

ただし　この本、読んでいいよ。**ただし**、汚したりしないでね。
You can go ahead and read this book. But don't get it dirty.／这本书读得比较好。但是,可别弄脏了。／이 책을 읽어도 돼. 단, 더럽히거나 하지 말아.

たった　1時間もかけて、**たった**これだけしか書けなかったの?
You spent an hour on it and this is all you managed to write?／花了一个小时,只写了这么点儿吗?／1시간이나 걸쳐 단지 이것밖에 쓸 수 없었니?

だったら　「あー、眠くてつらい」「**だったら**、早く寝ればよかったのに」
"Damn, I'm feeling really sleepy." "You should've gone to bed early, then."／"啊,太困了,真难受。""那就睡早一点吧。"／「아, 졸려서 괴롭다」「그러면 빨리 자면 좋았을 텐데」

だって　そんなの、わからないよ。**だって**、何も説明してくれなかったから。
I don't know anything about that. I wasn't given any explanations!／那些我不懂啊。因为你什么都没告诉我啊。／그런 것 몰라. 왜냐하면, 아무것도 설명해 주지 않았으니까.

ところが　**ところが**、新たな事実が明らかになりました。
However, a new truth surfaced.／但是,发现了新的事实。／그런데 새로운 사실이 분명해졌습니다.

ところで　**ところで**、どうして急にフラメンコを習うようになったんですか。
By the way, why did you suddenly start learning flamenco?／对了,为什么突然开始学习弗拉曼柯舞了? ／그런데 왜 갑자기 플라멩코를 배우시게 되었습니까?

なお　**なお**、最終日は5時終了になります。
Also, the event will end at 5:00 on the last day.／另外,最后一天是五点结束。／또한 마지막 날은 5시 종료가 되겠습니다.

43
つなぐ言葉

●＋名詞　+noun／+名词／+명사

あらゆる　**あらゆる**方法を試してみたが、うまくいかなかった。
I tried all kinds of methods, but they didn't work well.／试了各种各样的方法,还是没有成功。／모든 방법을 시도해 보았지만 제대로 되지 않았다.

ある　以前、**ある**生徒からこういう質問を受けたことがあります。
I've been asked this question by one of my former students.／以前,某个学生对我提过这种问题。／이전에 어떤 학생으로부터 이런 질문을 받은 적이 있습니다.

たいした　彼女、こんな大変な仕事を一人でやっているんですか。**たいした**人だなあ。
She's doing this difficult job all by herself? That's really impressive.／这么困难的工作就她一个人做啊! 真是了不起啊。／그녀, 이렇게 힘든 일을 혼자서 하고 있습니까? 대단한 사람이군.

ほんの　**ほんの**少しですが、うちの畑でとれた野菜です。よかったらどうぞ。
It's not much, but these are some vegetables that were harvested from our home garden. Please help yourselves.／虽然只有这么一点,这是我们家的田里摘的蔬菜。可以的话,请收下吧。／아주 조금입니다만, 우리 밭에서 딴 야채입니다. 괜찮으시면 여기요.

①時給は 1000 円です。**ただし**、最初の 2 週間は 800 円です。

②このパソコンソフトはとても便利で、**しかも**無料なんですよ。

③「**そういえば**、この間の話はどうなったの？」「まだ何も決まってない」

④今の仕事だけでも忙しいのに、**その上**、ほかの仕事もとなると、難しいです。

⑤夏休みの旅行、京都に行く？　**それとも**、名古屋にする？

ドリル

1）a、b のうち、正しいほうを一つ選びなさい。

①ほんの（a. わずかな　　b. たいした）時間でも、時間があれば単語を覚えるようにしています。

②この部屋は、広いし家賃も安いです。（a. たった　b. ただ）、駅からはちょっと遠いですね。

③台風で飛行機が飛べないかもしれないと思いましたが、（a. そこで　b. こうして）無事沖縄に
着くことができてよかったです。

④日時と場所は以下のとおりです。（a. しかも　b. なお）、詳細は後日メールでご連絡します。

⑤「さくらさんと会うのって、明日？」「うん。（a. だけど　　b. だが）、まだ時間がわからないのよ」

2）つぎの（　　　）に合うものを a 〜 e の中から一つ選びなさい。

①A チームが 25 ポイント、B チームが 22 ポイント。（　　　）、A チームの勝ちです。

②うん、その話についてはわかった。（　　　）、今日はこれからどうしようか。

③昨日は、いつもより早く寝たんです。（　　　）、今朝寝坊してしまいました。

④「この CD、いいね。ちょっと貸してもらえない？」「いいよ。（　　　）、次の授業のときに
持ってきてくれる？」

a. したがって　b. ただし　c. ところで　d. だって　e. それなのに

3）つぎの（　　　）に合うものを a 〜 e の中から一つ選びなさい。

①大学 4 年生になって、授業の数が減った。（　　　）、アルバイトの時間を増やすことにした。

②日本で最も人口が多い都市は日本の首都、（　　　）、東京です。

③ハガキ、（　　　）ファックスでお申し込みください。

④「ここは最近人気のあるお店なんだよ」「そうなの？　（　　　）、お客さんが少ないね」

a. さて　b. そこで　c. すなわち　d. あるいは　e. それにしては

44 短い言葉
みじか　ことば
short words／短语／짧은 말

●回数・個数　frequency, number／回数・个数／회수 개수
かいすう　こすう

１時間おき
じかん
at hourly intervals／隔一个小时／1시간간격

１年ぶり
ねん
for the first time in a year／隔一年／1년만

１日ごとに記録をとる
にち　　きろく
keeping a record for each day／每隔一天刷新纪录／하루마다 기록하다

一人ずつ名前を呼ぶ
ひとり　　なまえ　よ
calling out names one by one／一个一个地叫名字／한 명씩 이름을 부르다

●状態　condition／状态／상태
じょうたい

飲みかけのコーヒー
の
half-drunk coffee／喝了一半的咖啡／마시던 커피

焼き立てのパン
や　た
freshly baked bread／刚刚烤好的面包／갓 구운 빵

使用済みの切手
しようず　きって
used stamps／使用完毕的邮票／사용된 우표

開けっぱなしのドア
あ
open door／开着的门／열어 놓은 채인 문

忘れがち、遅れがち
わす　　　おく
forgetful, tending to be late／容易忘记、容易迟到／잊기 쉬움, 늦는 경향

泥まみれの靴
どろ　　　くつ
covered in mud／沾满泥土的鞋／진흙투성이의 신발

傷だらけの机
きず　　　つくえ
battered desk／净是伤痕的桌子／흠집투성이의 책상

あやしげな男
おとこ
sketchy guy／奇怪的男子／수상한 남자

大きめのシャツ
おお
large-sized shirt／大号衬衫／큼직한 셔츠

●判断・気持ちを表す　to express judgment or feeling／表达判断、心情／판단 기분을 나타내다
はんだん　きも　　あらわ

どうしても彼女に会いたい。
かのじょ　あ
I want to meet her at any cost.／怎么都想见见她／꼭 그녀를 만나고 싶다

どうせ勝てない。
か
We won't win anyway.／反正胜不了／어차피 이길 수 없다

どうも本当らしい。
ほんとう
Apparently, it's for real.／好像是真的／아무래도 사실인 것같다

どうやら彼はこのことを
かれ
知らないようだ。
し
It seems like he isn't aware of this.／他好像不知道这个事情／아무래도 그는 이 일을 모르는 것같다

彼の何気ない一言に傷ついた。
なにげ　　ひとこと　きず
I felt offended by his casual remark.／被他无意中说的一句话伤害了。／그의 아무렇지 않은 한마디로 상처를 받았다.

何分昔のことなので、よく覚えて
なにぶんむかし　　　　　　　おぼ
ない。
Anyway, it happened a long time ago, so I don't remember it clearly.／不管怎么说，因为是过去的事情了，我不太记得。／아무튼, 옛날 일이어서 잘 기억하고 있지 않다.

今日はなんだか疲れてしまった。　I'm just so exhausted today.／今天总感觉有些累了。／오늘은 왠지 피곤하다.

なんだかんだ言っても、家が一番落ち着く。　No matter what other people say, I still feel most relaxed at home.／不管怎么说,家里还是最让人安心的。／이러니저러니 해도 집이 제일 마음이 편하다.

なんてかわいい赤ちゃん！　What a cute baby!／多么可爱的婴儿啊！／어쩌면 이렇게 예쁜 아기！

なんとか間に合った。　I managed to make it somehow.／总算赶上了。／간신히 시간에 댈 수 있었다.

なんとしても合格したい。　I want to pass, whatever it takes.／怎么也想合格啊！／어떻게든 합격하고 싶다.

なんとなく今日は行きたくない。　I somehow don't feel like going today.／今天不太想去。／왠지 오늘은 가고 싶지 않다.

なんとも言えない味だった。　It's hard to describe what it tasted like.／说不出来的味道。／뭐라고 표현하기 어려운 맛이었다.

●例を示す　to show a example／示例／예를 나타내다

このようなチャンスは二度とない。　This sort of opportunity won't come your way again.／像这样的机会再也没有第二次了。／이와 같은 기회는 두 번 다시 없다.

このように考えています。　This is how I see it.／像这样考虑的／이와 같이 생각하고 있습니다.

よくこんなに集めたね。　Great job gathering all these things together.／收集这么多啊。／잘 이렇게 모았구나.

そう簡単ではない。　It's not that simple.／不那么简单。／그렇게 간단하지는 않다.

●その他

話し込む、考え込む　deep in conversation/thought／谈得入迷、苦思冥想／이야기에 열중하다, 생각에 열중하다

学生ら、私ら　the students, we／孩子们、我们／학생들, 우리

子供向け、国内向け　for children, for domestic markets／适合孩子、针对国内／아이 대상, 국내 대상

パーティー向き、夏向き　for parties, for summer／适合晚会、适合夏天／파티에 알맞음, 여름에 알맞음

彼はこうして成功した。　This is how he got successful.／他像这样成功了。／그는 이렇게 해서 성공했다.

これまで気がつかなかった。　I hadn't realized this before.／以前都没有注意过。／지금까지 알아채지 못했다.

皮ごと食べる、車ごと船に乗る　eating something with the skin on, getting on the ship while in the car／带皮吃、连整车都乘上了船／껍질째 먹다, 차에 탄 채 배에 타다

①「森さん、また風邪で休んでるね」「大丈夫かなあ。最近、病気がちだよね」

②「この飲みかけのジュース、どうする？」「ああ、捨てちゃっていいよ」

③10年ぶりに高校の友だちに会ったらうれしくて、すっかり話しこんでしまった。

④「なんでそんなに汗まみれなの？」「駅からずっと走ってきたんだよ」（参照：すみません、いろいろ質問ばかりして。何しろ今回が初めてなので、ちょっと心配なんです。）

※「まみれ」は「汚いものがいっぱい付いている」様子を、「ばかり」は「あるものに偏っている」様子を表す。
⑤の「だらけ」は「よくないものがいっぱいある」様子を表す。

⑤彼の手紙は間違いだらけで、何が何だかわからない。

ドリル

1）a、bのうち、正しいほうを一つ選びなさい。

①卒業するために、（a. 何としても　　b. 何でも）この試験でいい点を取らなければ。

②このグラフは、地域（a. ごと　　b. ごとに）人口の変化を示したものです。

③昨日、エアコンが（a. つけっぱなし　　b. つけたて）になってたから、気をつけてくださいね。

④「山田さん、なんだか元気ないね」「（a. どうも　　b. どうせ）彼女にふられたみたいだよ」

⑤今から、一人（a. おき　　b. ずつ）名前を呼びます。

2）つぎの（　　　）に合うものをa～fの中から一つ選びなさい。

①部品を交換すれば、（　　　）直せると思う。

②「彼女、うちの会社でやっていけそう？」「まだ入ったばかりだからね。（　　　）言えないなあ」

③相手の名前が（　　　）思い出せない。

④「あ、空が明るくなってきた」「（　　　）雨がやんだみたいだね」

> a. どうしても　b. どうせ　c. どうやら　d. なんとも　e. なんて　f. なんとか

3）つぎの（　　　）に合うものをa～fの中から一つ選びなさい。

①そんな油（　　　）の手で触らないで！　ちゃんと洗ってきてよ！

②この図書館には、子ども（　　　）の本もたくさんあります。

③こんな間違い（　　　）のレポートじゃ、部長に渡せないよ。もう一回作り直して。

④「お客様、こちらのネクタイはいかがですか」「もう少し細（　　　）のほうがいいんですが」

> a. ずつ　　b. がち　　c. 向け　　d. だらけ　　e. まみれ　　f. め

その他いろいろ
た

Various other／其他词语／그 밖의 여러 가지

●**いろいろな言葉**
ことば

いろいろな言葉 ことば	various words／各种词语／여러 가지 말
あくまでも	absolutely／无论如何也／어디까지나
料理を**味わう** りょうり あじ	to taste food／品尝料理／요리를 맛보다
言い**合**う い あ	to argue／异口同声地说／말다툼하다
いっぱい	many／满满地、尽量／가득
部下に**いばる** ぶ か	to lord it over one's subordinates／对下属摆架子／부하에게 으스대다
今のところ いま	as it now stands／现在／지금
依頼する いらい	to ask for／依赖／의뢰하다
動き**回**る うご まわ	to move around／到处转／이리저리 돌아다니다
打ち消す う け	to deny／否定／부정하다
売り出す う だ	to sell／开始出售／팔기 시작하다
お祝いを**贈**る いわ おく	sending a greeting card／赠送礼物／축하금(선물)을 보내다
書きとめる か	to write down／记下来／적어 두다
過去 か こ	past／过去／과거
下線 か せん	underline／下划线／밑줄
記号 き ごう	code／记号／기호
基地 き ち	base／基地／기지
旧ABCホテル きゅう	former ABC hotel／旧ABC酒店／구 ABC호텔
偶然 ぐうぜん	by accident／偶然／우연
組み立てる く た	to put together／组装／조립하다
結局 けっきょく	in the end／结局／결국
高速道路 こうそくどうろ	highway／高速公路／고속도로
財産 ざいさん	fortune／财产／재산
裁判で**訴える** さいばん うった	to sue in court／通过法院诉讼／재판에 고소하다
しきりに**訴える** うった	to complain constantly／再三申诉／계속해서 호소하다
地震 じ しん	earthquake•quaking／地震•摇晃／지진 흔들리다
事実 じ じつ	fact／事实／사실
祝福する しゅくふく	to bless／祝福／축복하다
食事の**姿勢**・**企業**の**姿勢** しょく じ し せい き ぎょう	way of eating habit / company's attitude／吃饭姿势•企业的姿态／식사하는 자세 기업의 자세
指摘（する） し てき	pointing out／指摘／지적(하다)
世紀 せい き	century／世纪／세기
制作する せいさく	to produce／制作／제작하다
速度 ど	speed／速度／속도
会社に**対する**要望 かいしゃ たい ようぼう	request of the company／对公司的要求和愿望／회사에 대한 요망
たまたま	incidentally／偶尔／우연히
超満員 ちょうまんいん	overloaded／超员／초만원
作り出す つく	to create／创造／만들어 내다
つまり	in fact／总之／결국
手間がかかる て ま	troublesome／费事、费工夫／품이 많이 들다
到着（する） とうちゃく	arrival／到达／도착(하다)
会員に**登録する** かいいん とうろく	to subscribe／登录到会员／회원으로 등록하다
とっくに**知って**いる し	to have already known／早已知道／이미 알고 있다
飛び込む と こ	to jump in／纵身跳入／뛰어들다
飛び出す と だ	to jump out／跳出／뛰어나오다
ボタンが**外れる** はず	button coming off／纽扣掉了／단추가 풀리다
発車（する） はっしゃ	departure / depart／发车／발차(하다)
引き下げる ひ さ	to reduce／降价／끌어내리다
ビタミン	vitamin／维生素／비타민

人通り （ひとどお）	traffic／大概、一般／사람의 왕래
広場 （ひろ ば）	square／广场／광장
ビジネス文書 （ぶんしょ）	business document／商业文件／비즈니스 문서
普及（する） （ふ きゅう）	to become widely used／普及／보급(하다)
返却する （へんきゃく）	to bring back／返还／반납하다
防水 （ぼうすい）	waterproof／防水／방수
ホーム	platform／车站站台／역의 홈
待ち遠しい （ま　どお）	to look forward to ~ing／期待的／기다리기 지루하다
まぶしい	dazzling／耀眼的／눈부시다
万が一 （まん　いち）	by any possibility／万一／만일
身につける （み）	to wear／掌握／몸에 익히다
要するに （よう）	in short／综上所述／요컨대
余裕 （よゆう）	having leeway／余裕、从容／여유
喜ぶ （よろこ）	to become happy／高兴／기뻐하다
割り引く （わ　び）	to discount／减价、打折／값을 깎다

●反対の意味の言葉
（はんたい　いみ　ことば）　antonym／相反意思的词语／반대 의미의 말

具体的（な） （ぐ たいてき）	concrete／具体的／구체적(인)
抽象的（な） （ちゅうしょう）	abstract／抽象的／추상적(인)
前者 （ぜんしゃ）	former／前者／전자
後者 （こう）	latter／后者／후자
全体 （ぜんたい）	whole／全体／전체
部分 （ぶ ぶん）	part／部分／부분
丁寧（な） （ていねい）	considerate／认真的、礼貌的／정중(한)
乱暴（な） （らんぼう）	rough／粗鲁的／난폭(한)

●漢語と和語
（かん　ご　わ　ご）　words of Chinese origin and words of Japanese origin／汉语和和语／한자와 고유어

育児・育てる （いくじ　そだ）	raising children, to raise／育儿・养育／육아 기르다
移動・移る （い どう　うつ）	movement, to move／移动・转移／이동 옮기다
延期・延びる （えん き　の）	postponement, to postpone／延期・延长／연가 연기되다
回転・回る （かいてん　まわ）	turn, to turn／旋转・回转／회전 돌다
解放・放す （かいほう　はな）	releasing, to release／解放・放走／해방 풀어 놓다
確認・確かめる （かくにん　たし）	confirmation, to confirm／确认・确认／확안 확인하다
乾燥・乾く （かんそう　かわ）	dryness, to dry／干燥・干／건조 마르다
逆・逆さ （ぎゃく　さか）	reverse, upside down／逆反・颠倒／역 거꾸로임
希望・望む （き ぼう　のぞ）	hope, to hope／希望・期待／희망 바라다
恐怖・怖い （きょう ふ　こわ）	fear, to be scared／恐怖・害怕／공포 무섭다
決定・決める （けってい　き）	decision, to decide／决定・决定／결정 정하다
限定・限る （げんてい　かぎ）	limiting, to limit／限定・限制／한정 한정하다
幸福・幸せ （こうふく　しあわ）	happiness, to be happy／幸福・幸福／행복 행복
死亡・死ぬ （しぼう　し）	death, to die／死亡・死／사망 죽다
宿泊・泊まる （しゅくはく　と）	accommodation, to stay／住宿・投宿／숙박 묵다
睡眠・眠る （すいみん　ねむ）	sleeping, to sleep／睡眠・睡觉／수면 잠들다
生命・命 （せいめい　いのち）	life／生命・命／생명 목숨
当然・当たり前 （とうぜん　あ　まえ）	naturally, by necessity／当然・当然／당연 당연
表現・表す （ひょうげん　あらわ）	expression, to express／表现・表达／표현 나타내다
訪問・訪ねる （ほうもん　たず）	visit, to visit／访问・拜访／방문 방문하다
要求・求める （ようきゅう　もと）	request, to request／要求・追求／요구 구하다
余分・余る （よ ぶん　あま）	excess, to remain／残余・多余／여분 남다

問題1 （　　　　）に入れるのに最もよいものを、1・2・3・4から一つ選びなさい。

① サッカーをしていたころは、体は傷（きず）（　　　　）でした。
　　1　だらけ　　　　　2　まみれ　　　　　3　かけ　　　　　4　がち

② この商品は、きれいな色のものも女性（　　　　）に発売される。
　　1　おき　　　　　　2　向け　　　　　　3　づかい　　　　4　ごと

③ 特に理由があるわけじゃないけれど、（　　　　）好きじゃない。
　　1　なんとか　　　　2　なにげない　　　3　なんとなく　　4　なんとしても

④ 明日は楽しみにしていたコンサートなので、（　　　　）している。
　　1　ぐんぐん　　　　2　キラキラ　　　　3　ふわふわ　　　4　わくわく

⑤ 毎日（　　　　）働いていますが、なかなかお金が貯まりません。
　　1　せっせと　　　　2　のろのろ　　　　3　ごろごろ　　　4　どっと

⑥ さっきの女性は母の妹、（　　　　）、私のおばです。
　　1　さて　　　　　　2　そこで　　　　　3　すなわち　　　4　だって

⑦ ちょっと具合が悪かったので、会の途中で（　　　　）帰った。
　　1　ばったり　　　　2　こっそり　　　　3　ぎっしり　　　4　すっきり

⑧ ここから見える景色は、（　　　　）美しいんだろう。
　　1　そう　　　　　　2　どうも　　　　　3　なんて　　　　4　こんなに

⑨ そんな勝手な（　　　　）には、応（おう）じるわけにはいきません。
　　1　必要　　　　　　2　要求　　　　　　3　限定　　　　　4　表現

⑩ このホテルは（　　　　）以外にも、結婚式などで利用されています。
　　1　労働　　　　　　2　睡眠（すいみん）　　　3　解放　　　　　4　宿泊

①　今年は、<u>どうしても</u>優勝したいと思っている。
　　1　絶対に　　　　　　2　少し　　　　　　　3　まあまあ　　　　　4　できれば

②　夫は、家に帰ってきたら<u>ぐったり</u>していた。
　　1　怒って　　　　　　2　疲れて　　　　　　3　喜んで　　　　　　4　泣いて

③　いつか、アジアの<u>あらゆる</u>国に行ってみたい。
　　1　ひとつの　　　　　2　全ての　　　　　　3　たくさんの　　　　4　いくつかの

④　ボランティアをすることを<u>希望して</u>いる。
　　1　喜んで　　　　　　2　笑って　　　　　　3　頼んで　　　　　　4　願って

問題3　次の言葉の使い方として最もよいものを、一つ選びなさい。

①　ちらっと
　　1　原さんの持っている写真が、<u>ちらっと</u>見えた。
　　2　たくさんは食べられないから、私の分は<u>ちらっと</u>でいいですよ。
　　3　すみません、待ち合わせには<u>ちらっと</u>遅れそうです。
　　4　私の意見とは違うけれど、田中さんの意見も<u>ちらっと</u>わかる。

②　したがって
　　1　明日10時に開会です。<u>したがって</u>、雨の場合は中止となります。
　　2　デジカメを買うか、<u>したがって</u>ビデオカメラを買うか、迷っている。
　　3　この食堂はパスタがおいしい。<u>したがって</u>、驚くほど安い。
　　4　投票の結果、森さんが1位でした。<u>したがって</u>、森さんが新代表になります。

③　何気ない
　　1　健康のために、夫婦で<u>何気ない</u>運動をしています。
　　2　このくらいのケガなら、<u>何気ない</u>ので大丈夫ですよ。
　　3　何か特徴があるわけでもない、<u>何気ない</u>スーパーでした。
　　4　先生の<u>何気ない</u>一言が、私にはとてもうれしかったんです。

N2 言語知識（文字・語彙・文法）・読解 解答用紙

受 験 番 号 Examinee Registration Number		名 前 Name	

問 題 1 ★文法・語彙

1	①	②	③	④
2	①	②	③	④
3	①	②	③	④
4	①	②	③	④
5	①	②	③	④

問 題 2 ★文法・語彙

6	①	②	③	④
7	①	②	③	④
8	①	②	③	④
9	①	②	③	④
10	①	②	③	④

問 題 3 ★文法・語彙

11	①	②	③	④
12	①	②	③	④
13	①	②	③	④
14	①	②	③	④
15	①	②	③	④

問 題 4 ★文法・語彙

16	①	②	③	④
17	①	②	③	④
18	①	②	③	④
19	①	②	③	④
20	①	②	③	④
21	①	②	③	④
22	①	②	③	④

問 題 5 ★文法・語彙

23	①	②	③	④
24	①	②	③	④
25	①	②	③	④

26	①	②	③	④
27	①	②	③	④

問 題 6 ★文法・語彙

28	①	②	③	④
29	①	②	③	④
30	①	②	③	④
31	①	②	③	④
32	①	②	③	④

問 題 7 ★文法

33	①	②	③	④
34	①	②	③	④
35	①	②	③	④
36	①	②	③	④
37	①	②	③	④
38	①	②	③	④
39	①	②	③	④
40	①	②	③	④
41	①	②	③	④
42	①	②	③	④
43	①	②	③	④
44	①	②	③	④

問 題 8 ★文法

45	①	②	③	④
46	①	②	③	④
47	①	②	③	④
48	①	②	③	④
49	①	②	③	④

問 題 9 ★文法

50	①	②	③	④
51	①	②	③	④

52	①	②	③	④
53	①	②	③	④
54	①	②	③	④

問 題 10 ★内容理解（短文）

55	①	②	③	④
56	①	②	③	④
57	①	②	③	④
58	①	②	③	④
59	①	②	③	④

問 題 11 ★内容理解（中文）

60	①	②	③	④
61	①	②	③	④
62	①	②	③	④
63	①	②	③	④
64	①	②	③	④
65	①	②	③	④
66	①	②	③	④
67	①	②	③	④
68	①	②	③	④

問 題 12 ★統合理解

69	①	②	③	④
70	①	②	③	④

問 題 13 ★主張理解（長文）

71	①	②	③	④
72	①	②	③	④
73	①	②	③	④

問 題 14 ★情報検索

74	①	②	③	④
75	①	②	③	④

PART 2

模擬試験
もぎしけん
Mock examinations
模拟考试
모의고사

問題1　（　　　）に入れるのに最もよいものを、1・2・3・4から一つ選びなさい。

1 たった今買ってきたばかりの、（　　　）品です。

1　新　　　　　2　再　　　　　3　総　　　　　4　高

2 私の趣味で読んでいる本なので、仕事とは（　　　）関係です。

1　非　　　　　2　不　　　　　3　無　　　　　4　未

3 基本（　　　）な内容は大丈夫ですが、少し難しくなるとわかりません。

1　化　　　　　2　性　　　　　3　風　　　　　4　的

4 クッキーを焦がしてしまったので、もう一度作り（　　　）ことにした。

1　直す　　　　2　出す　　　　3　回る　　　　4　返す

5 田中さんを見（　　　）、毎朝7時には会社に来るようにしています。

1　逃して　　　2　慣れて　　　3　比べて　　　4　習って

問題2 （　　　）に入れるのに最もよいものを、1・2・3・4から一つ選びなさい。

1 私も行きたいんですが、（　　　）仕事が入っているんです。

1　せいぜい　　　　2　あいにく　　　　3　くれぐれも　　　4　せめて

2 （　　　）から、ちゃんとシャツのボタンはとめなさい。

1　だらしない　　　2　はなはだしい　　3　あわただしい　　4　ふさわしい

3 たまに家に帰って家族と会うと、心から（　　　）できる。

1　リサイクル　　　2　レンタル　　　　3　レッスン　　　　4　リラックス

4 当日の天気を見て、中止するかどうかを（　　　）予定です。

1　防止する　　　　2　判断する　　　　3　特定する　　　　4　制限する

5 特に仲がいいわけでもないのに、そんな頼みをするのは（　　　）。

1　厚かましい　　　2　惜しい　　　　　3　もったいない　　4　懐かしい

6 これはアニメだが、子どもよりも（　　　）大人向けの作品だ。

1　すなわち　　　　2　なお　　　　　　3　あるいは　　　　4　むしろ

7 午前中は雨が降りますが、午後には（　　　）晴れてくるでしょう。

1　次第に　　　　　2　だいぶ　　　　　3　至急　　　　　　4　今にも

問題3　＿＿＿＿＿の言葉に意味が最も近いものを、1・2・3・4から一つ選びなさい。

1 これも、そこに<u>プラスして</u>おいてください。

　1　足して　　　　　2　置いて　　　　　3　任せて　　　　　4　数えて

2 あの少女は、本当に<u>気の毒</u>だ。

　1　かわいそう　　　2　面倒　　　　　　3　みじめ　　　　　4　不満

3 彼は、仕事をするときも動きが<u>のろい</u>。

　1　遅い　　　　　　2　早い　　　　　　3　すごい　　　　　4　おもしろい

4 今後のことは、<u>一切</u>私に任せてください。

　1　少し　　　　　　2　全て　　　　　　3　ほぼ　　　　　　4　いくつか

5 <ruby>公園<rt>こうえん</rt></ruby>で、男の人が<u>うろうろして</u>いる。

　1　立って　　　　　2　走って　　　　　3　座って　　　　　4　歩いて

問題4　次の言葉の使い方として最もよいものを、一つ選びなさい。

1　分類

1　資料は、内容ごとに5つのファイルに<u>分類</u>しておきましょう。
2　一度に運ぶと重いから、何回かに<u>分類</u>して持ってくるね。
3　10個あるから、ひとり2個ずつに<u>分類</u>することにした。
4　クレジットカードで、3回に<u>分類</u>して払うことにした。

2　誤解

1　操作を誤って、大切なデータを<u>誤解</u>してしまいました。
2　答えは850だと思うんだけど、計算を<u>誤解</u>してしまったのかなあ。
3　さっきから何度も同じ場所に出るので、道を<u>誤解</u>していると思う。
4　ワンさんは彼女のことを<u>誤解</u>しているけれど、本当にいい子です。

3　めざましい

1　<u>めざましい</u>出来で、とても子どもが描いた絵だとは思えません。
2　彼女はまだ若いのに、ボランティアなどの<u>めざましい</u>活動を行っている。
3　3歳の孫は、会うたびに<u>めざましい</u>成長を見せてくれる。
4　この一時間でこれだけ仕事を終わらせるなんて、<u>めざましい</u>ものだ。

4　打ち消す

1　嫌な気持ちを<u>打ち消す</u>ために、今日は飲みに行くことにした。
2　間違ったら、消しゴムできれいに<u>打ち消して</u>おいてください。
3　仕事が入ってしまったので、チケットを<u>打ち消す</u>ことにした。
4　このデータはもういらないから、<u>打ち消して</u>おこう。

5　深刻

1　今日は朝から<u>深刻</u>な雨で、外出する気にもなれなかった。
2　<u>深刻</u>な悩みなので、本当に信頼している人にしか相談できない。
3　これだけの量の仕事をひとりで終わらせるのは、<u>深刻</u>だと思う。
4　まだ仕事に慣れないので<u>深刻</u>ですが、作業は楽しいですよ。

131

問題1　（　　　）に入れるのに最もよいものを、1・2・3・4から一つ選びなさい。

1　今日は（　　　）解決の問題について話し合おう。

1　不　　　　　　2　未　　　　　　3　非　　　　　　4　無

2　レポートの評価が低かった者は、今週中に（　　　）提出しなさい。

1　本　　　　　　2　最　　　　　　3　再　　　　　　4　前

3　日本経済について、専門（　　　）の意見を聞いた。

1　家　　　　　　2　師　　　　　　3　員　　　　　　4　者

4　母は体が弱く、病気（　　　）。

1　やすい　　　　2　込む　　　　　3　だらけだ　　　4　がちだ

5　4時間（　　　）、この薬を飲んでください。

1　かぎり　　　　2　たびに　　　　3　おきに　　　　4　までに

問題2　（　　　）に入れるのに最もよいものを、1・2・3・4から一つ選びなさい。

1　今の部屋に（　　　）があるわけではありませんが、引っ越そうと思っています。

1　信用　　　　　2　参考　　　　　3　不満　　　　　4　実力

2　彼は一人でこの（　　　）山を登った。

1　けわしい　　　2　ひとしい　　　3　なつかしい　　　4　はげしい

3　（　　　）のために、水や食物を用意しておく。

1　危険　　　　　2　万が一　　　　3　被害　　　　　4　困難

4　久しぶりに走ったら、（　　　）が苦しくなってしまった。

1　皮膚　　　　　2　腹　　　　　　3　息　　　　　　4　傷

5　（　　　）あたらしい家へ引っ越すつもりだ。

1　近頃　　　　　2　近々　　　　　3　先日　　　　　4　当時

6　先輩の言うことには（　　　）ほうがいいよ。

1　あこがれた　　2　任せた　　　　3　従った　　　　4　誘った

7　先生に（　　　）いただいた本、読みました。おもしろかったです。

1　推薦して　　　2　恐縮して　　　3　交際して　　　4　命令して

問題３ ＿＿＿＿ の言葉に意味が最も近いものを、１・２・３・４から一つ選びなさい。

1 客が<u>どっと</u>店内に入ってきた。

　１　だれか　　　　　２　おおぜい　　　　３　数人　　　　　４　一人

2 あわてないで、<u>冷静に</u>考えよう。

　１　静かに　　　　　２　ゆっくり　　　　３　冷たく　　　　４　落ちついて

3 もらったセーターを着てみたら、<u>ぶかぶか</u>だった。

　１　かわいい　　　　２　汚い　　　　　　３　大きい　　　　４　古い

4 <u>徐々に</u>物価が高くなってきた。

　１　だんだん　　　　２　どんどん　　　　３　そっと　　　　４　さっさと

5 新しい仕事は、今のところ<u>順調</u>です。

　１　サービス　　　　２　スタート　　　　３　シンプル　　　　４　スムーズ

1 積もる

1　会社の人間関係が悪く、毎日ストレスが<u>積もる</u>。
2　ずっと掃除をしなかったら、テレビの上にほこりが<u>積もっ</u>ていた。
3　５年間毎月貯金をしているので、だいぶお金が<u>積もっ</u>て来た。
4　仕事が<u>積もっ</u>てしまい、日曜日も出勤しなければならなくなった。

2 たっぷり

1　週末のデパートでは<u>たっぷり</u>の人が買い物をしている。
2　パンにジャムを<u>たっぷり</u>つけて食べる。
3　明日の試験のことが心配で、頭の中が<u>たっぷり</u>だ。
4　母の料理が<u>たっぷり</u>懐かしい。

3 用心

1　旅行の<u>用心</u>を計算する。
2　お客様によろこんでもらえるように<u>用心</u>する。
3　授業中にうるさい学生を<u>用心</u>した。
4　かぜをひかないように<u>用心</u>する。

4 みじめ

1　彼はいつも<u>みじめ</u>に意見を言う。
2　会社をくびになってから、<u>みじめ</u>な生活をおくっている。
3　ふざけないで、<u>みじめ</u>に話し合いをするべきだ。
4　明日はどこにも行かないで家で<u>みじめ</u>にすごすつもりだ。

5 余裕

1　次の電車の時間まで<u>余裕</u>があるから、少し休もう。
2　料理の<u>余裕</u>を冷凍しておいてください。
3　きのうの<u>余裕</u>の仕事をやらなければならない。
4　<u>余裕</u>なことは考えないほうがいい。

問題1　（　　　）に入れるのに最もよいものを、1・2・3・4から一つ選びなさい。

1　駅前の再開発計画は、（　　　）市長の時に始められた。

1　上　　　　　　　2　前　　　　　　　3　古　　　　　　　4　旧

2　鈴木さんはいつも丁寧に話すので、私も見（　　　）たい。

1　ならい　　　　　2　くらべ　　　　　3　なれ　　　　　　4　なおし

3　連休に遊園地に行ったら、（　　　）満員だった。

1　大　　　　　　　2　全　　　　　　　3　総　　　　　　　4　超

4　書類の提出締め切りは明日だと思い（　　　）いたが、実は今日だった。

1　回って　　　　　2　出して　　　　　3　込んで　　　　　4　合って

5　この国でも、携帯電話の普及（　　　）が上がっている。

1　化　　　　　　　2　割　　　　　　　3　率　　　　　　　4　量

問題2 （　　　）に入れるのに最もよいものを、1・2・3・4から一つ選びなさい。

1 建物の（　　　）がしっかりしていないと、地震が来たときに大変なことになる。

1 基本　　　　　2 基礎　　　　　3 基地　　　　　4 基準

2 携帯電話の料金（　　　）が変わった。

1 ジャンル　　　2 システム　　　3 サイズ　　　　4 バランス

3 荷物は（　　　）届いているはずなのに、届いたという連絡がまだ来ない。

1 いっせいに　　2 とっくに　　　3 しきりに　　　4 つねに

4 その服装は、会社に行くのにあまり（　　　）ないよ。

1 もったいなく　2 くどく　　　　3 めでたく　　　4 ふさわしく

5 このサンドイッチには、レタスと卵とハムが（　　　）ある。

1 つけて　　　　2 とじて　　　　3 はさんで　　　4 並べて

6 提出（　　　）を過ぎたら、受け付けてくれなかった。

1 期待　　　　　2 限定　　　　　3 日時　　　　　4 期限

7 道路に雪が積もっているため、車が（　　　）運転をしている

1 ごろごろ　　　2 のろのろ　　　3 ぎりぎり　　　4 うろうろ

問題3　＿＿＿＿の言葉に意味が最も近いものを、1・2・3・4から一つ選びなさい。

1　あらゆる方法を試してみたが、その実験は成功しなかった。

1　最新の　　　　2　意外な　　　　3　簡単な　　　　4　すべての

2　病気が治ったと言っても、退院してまだ1週間なので用心が必要だ。

1　注意　　　　2　準備　　　　3　心配　　　　4　休憩

3　高級レストランに行ったが、料理が出てくるのが遅く、失望した。

1　腹が立った　　2　がっかりした　　3　怒った　　　4　悲しくなった

4　自分にとってマイナスになることは、言わないほうがいい。

1　縮小　　　　2　低下　　　　3　減少　　　　4　不利

5　新商品の発売日がまたのびた。

1　遅くなった　　2　早くなった　　3　変わった　　　4　決まった

問題４　次の言葉の使い方として最もよいものを、一つ選びなさい。

1 なまける

1　彼は入社してからずっと<u>なまけて</u>働き、５年で課長になった。

2　ストレスがたまったときは、休みを取って<u>なまける</u>ことも必要だ。

3　<u>なまけて</u>いたら、レポートの締め切りに間に合わなくなってしまった。

4　最近、体の調子が<u>なまけて</u>いるので、病院に行ってみよう。

2 慎重

1　部長になると、さまざまな面で責任も<u>慎重</u>になる。

2　この機械はこわれやすいので、<u>慎重</u>に扱ってください。

3　<u>慎重</u>なデータは、消えたときのためにコピーをとっておいたほうがいい。

4　この会に参加して、<u>慎重</u>な体験をすることができた。

3 評判

1　あの病院は待ち時間が長い上に医者の説明がわかりにくいので、<u>評判</u>が悪い。

2　この製品は誰にでも簡単に使える点が<u>評判</u>されている。

3　彼女は、映画を見て<u>評判</u>するのが趣味である。

4　この小説はよく売れているが、専門家の<u>評判</u>は低い。

4 厚かましい

1　この服は素材が<u>厚かましく</u>、着心地が悪い。

2　先輩はいつも私を気にかけてくれので、その<u>厚かましい</u>気持ちに感謝している。

3　すでに割引してあるのにもっと安くしてくれだなんて、<u>厚かましい</u>客だ。

4　この部屋は壁が<u>厚かましい</u>ので、大きい音で音楽を聴いても大丈夫です。

5 どうせ

1　<u>どうせ</u>しなければならないのなら、早くしたほうがいい。

2　一生懸命応援しても、<u>どうせ</u>勝つに決まっているよ。

3　今日は<u>どうせ</u>パソコンの調子が悪く、途中で動かなくなることが何度もあった。

4　取引先に謝りに行ったら、<u>どうせ</u>許してもらえるだろう。

第3回 模擬試験

語彙さくいん

語彙さくいん

語彙さくいん

語彙さくいん

語彙さくいん

N2 語彙 第1回模擬試験 解答用紙

問 題 1				
1	①	②	③	④
2	①	②	③	④
3	①	②	③	④
4	①	②	③	④
5	①	②	③	④

問 題 2				
1	①	②	③	④
2	①	②	③	④
3	①	②	③	④

4	①	②	③	④
5	①	②	③	④
6	①	②	③	④
7	①	②	③	④

問 題 3				
1	①	②	③	④
2	①	②	③	④
3	①	②	③	④
4	①	②	③	④
5	①	②	③	④

問 題 4				
1	①	②	③	④
2	①	②	③	④
3	①	②	③	④
4	①	②	③	④
5	①	②	③	④

N2 語彙 第2回模擬試験 解答用紙

問 題 1				
1	①	②	③	④
2	①	②	③	④
3	①	②	③	④
4	①	②	③	④
5	①	②	③	④

問 題 2				
1	①	②	③	④
2	①	②	③	④
3	①	②	③	④

4	①	②	③	④
5	①	②	③	④
6	①	②	③	④
7	①	②	③	④

問 題 3				
1	①	②	③	④
2	①	②	③	④
3	①	②	③	④
4	①	②	③	④
5	①	②	③	④

問 題 4				
1	①	②	③	④
2	①	②	③	④
3	①	②	③	④
4	①	②	③	④
5	①	②	③	④

N2 語彙 第3回模擬試験 解答用紙

問 題 1				
1	①	②	③	④
2	①	②	③	④
3	①	②	③	④
4	①	②	③	④
5	①	②	③	④

問 題 2				
1	①	②	③	④
2	①	②	③	④
3	①	②	③	④

4	①	②	③	④
5	①	②	③	④
6	①	②	③	④
7	①	②	③	④

問 題 3				
1	①	②	③	④
2	①	②	③	④
3	①	②	③	④
4	①	②	③	④
5	①	②	③	④

問 題 4				
1	①	②	③	④
2	①	②	③	④
3	①	②	③	④
4	①	②	③	④
5	①	②	③	④

●著者

森本智子（もりもと　ともこ）
　広島大学教育学部日本語教育学科卒業。ルネッサンス　ジャパニーズ　ランゲージスクール
　専任講師。

高橋尚子（たかはし　なおこ）
　広島大学教育学部第三類日本語教育系コース卒業。チェンマイラチャパット大学講師
　を経て、熊本外語専門学校講師。

松本知恵（まつもと　ちえ）
　広島大学教育学部第三類日本語教育系コース卒業。中国青島桜之華日本語学校、富士
　日本語学校、北京国際青年研修学院日本語部で専任日本語教師として勤めた後、現在
　はNSA日本語学校専任講師。

レイアウト・DTP	ポイントライン／朝日メディア
カバーデザイン	滝デザイン事務所／花本浩一
イラスト	白須道子
翻　訳	Darryl Jingwen Wee ／ Chinatsu Kadota ／王雪／崔明淑
編集協力	野村愛

◎本書は『日本語能力試験問題集　Ｎ２語彙スピードマスター』(2011年、Ｊリサーチ出版、CD付)の
　音声ダウンロード版です。

本書へのご意見・ご感想は下記 URL までお寄せください。
https://www.jresearch.co.jp/contact/

日本語能力試験問題集　Ｎ２語彙スピードマスター　音声DL版

令和７年(2025年)　７月10日　初版第１刷発行

著　者　森本智子／高橋尚子／松本知恵
発行人　福田富与
発行所　有限会社　Ｊリサーチ出版
　　　　〒166-0002　東京都杉並区高円寺北 2-29-14-705
　　　　電話　03(6808)8801(代)　FAX　03(5364)5310
　　　　編集部　03(6808)8806
　　　　https://www.jresearch.co.jp
印刷所　(株)シナノ パブリッシング プレス

 音声ダウンロードのご案内

STEP 1 商品ページにアクセス！
方法は次の３通り！
- QR コードを読み取ってアクセス。
- https://www.jresearch.co.jp/book/b661455.html を入力してアクセス。
- Ｊリサーチ出版のホームページ（https://www.jresearch.co.jp/）にアクセスして、「キーワード」に書籍名を入れて検索。

STEP 2 ページ内にある「音声ダウンロード」ボタンをクリック！ 

STEP 3 ユーザー名「1001」、パスワード「26509」を入力！

STEP 4 音声の利用方法は２通り！
学習スタイルに合わせた方法でお聴きください！
- 「音声ファイル一括ダウンロード」より、ファイルをダウンロードして聴く。
- 「▶」ボタンを押して、その場で再生して聴く。

※ ダウンロードした音声ファイルは、パソコン・スマートフォンなどでお聴きいただくことができます。一括ダウンロードの音声ファイルは .zip 形式で圧縮してあります。解凍してご利用ください。ファイルの解凍が上手く出来ない場合は、直接の音声再生も可能です。

● 音声ダウンロードについてのお問合せ先 ●
toiawase@jresearch.co.jp （受付時間：平日９時〜18時）

 How to Download Voice Data

STEP 1 Visit the website for this product!
This can be done in three ways.
- Scan this QR code to visit the page.
- Visit https://www.jresearch.co.jp/book/b661455.html
- Visit J Research's website (https://www.jresearch.co.jp/), enter the title of the book in "キーワード" (Keyword), and search for it.

STEP 2 Click the "音声ダウンロード" (Voice Data Download) button the page! 

STEP 3 Enter the username "1001" and the password "26509"!

STEP 4 Use the voice data in two ways!
Listen in the way that best matches your learning style!
- Download voice files using the "Download All Voice Files" link, then listen to them.
- Press the ▶ button to listen to the voice data on the spot.

※ Downloaded voice files can be listened to on computers, smartphones, and so on. The download of all voice files is compressed in .zip format. Please extract the files from this archive before using them. If you are unable to extract the files properly, they can also be played directly.

For inquiries regarding voice file downloads, please contact:
toiawase@jresearch.co.jp (Business hours: 9 AM – 6 PM on weekdays)

如何下载音频

STEP 1 进入产品页面！ 有 3 种方法可以下载！
- 扫描二维码访问。
- 通过输入 https://www.jresearch.co.jp/book/b661455.html 访问。
- 访问 J Research Publishing 网站（ https://www.jresearch.co.jp/ ）在 "キーワード"（关键字）中输入书名进行搜索。

STEP 2 点击页面上的 "音声ダウンロード"（语音下载）按钮！

STEP 3 输入用户名 "1001" 和密码 "26509"！

STEP 4 有两种使用语音的方法！ 选择适合您的学习方式收听！
- 从 "一次性下载所有音频文件" 下载并收听文件。
- 按▶按钮即可现场播放和收听。

※ 您可以在计算机或智能手机上收听下载的音频文件。下载的音频文件以 .zip 格式压缩。请解压文件使用。如果文件不能顺利地解压，也可以直接播放音频。

● 音频下载咨询 ●

toiawase@jresearch.co.jp （受理时间：平日 9:00 ~ 18:00）

음성 다운로드 방법

STEP 1 상품 페이지로 이동 ! 다음 세 가지 방법으로 !
- QR 코드를 스캔해서 들어간다 .
- https://www.jresearch.co.jp/book/b661455.html 를 입력해서 들어간다 .
- 제이 리서치 출판 (J リサーチ出版) 의 홈페이지 (https://www.jresearch.co.jp/) 에 들어가서 「キーワード」(키워드) 에 서적명을 넣어 검색 .

STEP 2 페이지 안에 있는 「音声ダウンロード」(음성 다운로드) 버튼을 클릭 !

STEP 3 유저명 「1001」、비밀 번호 「26509」 를 입력 !

STEP 4 음성 이용 방법은 다음 2 가지 !
학습 스타일에 맞는 방법을 선택하여 들으시기 바랍니다 .
- 「음성 파일 일괄 다운로드」 에서 파일을 다운로드해서 듣는다 .
- ▶버튼을 눌러 바로 재생해서 듣는다 .

※ 다운로드한 음성 파일은 컴퓨터 · 스마트폰 등으로 들을 수 있습니다 . 일괄 다운로드 음성 파일은 zip 형식으로 압축되어 있습니다 . 풀어서 사용해 주십시오 . 파일이 잘 풀리지 않을 경우에는 직접 음성 재생을 누르면 들을 수 있습니다 .

● 음성 다운로드에 대한 문의처 ●

toiawase@jresearch.co.jp （접수 시간 평일 : 9 시 ~18 시）

解答・例文の訳

Answers, Translations of example sentences

解答・例文的翻译

해답・예문 역

Jリサーチ出版

解答
かいとう

●復習ドリル

第1回 ①4 ②1 ③4 ④2 ⑤3
　　　　⑥1 ⑦3 ⑧2 ⑨2 ⑩4

第2回 ①1 ②3 ③4 ④3 ⑤4
　　　　⑥2 ⑦3 ⑧1 ⑨4 ⑩2

第3回 ①2 ②3 ③2 ④4 ⑤4
　　　　⑥1 ⑦3 ⑧1 ⑨4 ⑩3

第4回 ①3 ②1 ③4 ④2 ⑤2
　　　　⑥1 ⑦2 ⑧4 ⑨2 ⑩1

第5回 ①3 ②1 ③3 ④2 ⑤2
　　　　⑥1 ⑦3 ⑧2 ⑨4 ⑩4

●ドリル

ユニット1 1) ①a ②a ③b ④a ⑤b
　　　　　　2) ①d ②c ③a ④b
　　　　　　3) ①c ②b ③a ④d

ユニット2 1) ①a ②a ③a ④b ⑤a
　　　　　　2) ①c ②a ③e ④b
　　　　　　3) ①a ②b ③d ④e

ユニット3 1) ①a ②b ③b ④a ⑤a
　　　　　　2) ①c ②a ③d ④e
　　　　　　3) ①a ②d ③e ④c

ユニット4 1) ①a ②a ③b ④a ⑤b
　　　　　　2) ①c ②e ③a ④b
　　　　　　3) ①e ②c ③d ④a

ユニット5 1) ①a ②b ③b ④b ⑤a
　　　　　　2) ①e ②c ③a ④b
　　　　　　3) ①e ②b ③d ④c

ユニット6 1) ①b ②a ③b ④a ⑤a
　　　　　　2) ①b ②c ③d ④a
　　　　　　3) ①d ②a ③c ④b

ユニット7 1) ①a ②a ③a ④b ⑤b
　　　　　　2) ①b ②c ③e ④a
　　　　　　3) ①a ②d ③e ④c

ユニット8 1) ①b ②b ③a ④b ⑤a
　　　　　　2) ①b ②e ③c ④a
　　　　　　3) ①b ②e ③d ④a

ユニット9 1) ①a ②b ③a ④a ⑤b
　　　　　　2) ①a ②c ③b ④e
　　　　　　3) ①c ②e ③b ④d

ユニット10 1) ①a ②b ③a ④a ⑤b
　　　　　　2) ①b ②e ③a ④c
　　　　　　3) ①b ②d ③c ④e

ユニット11 1) ①a ②b ③a ④a ⑤a
　　　　　　2) ①d ②a ③c ④e
　　　　　　3) ①b ②e ③a ④d

ユニット12 1) ①a ②a ③b ④b ⑤b
　　　　　　2) ①a ②c ③e ④b
　　　　　　3) ①c ②b ③d ④a

ユニット13 1) ①b ②a ③a ④b ⑤b
　　　　　　2) ①d ②c ③e ④a
　　　　　　3) ①e ②c ③b ④d

ユニット14 1) ①a ②b ③b ④a ⑤b
　　　　　　2) ①c ②e ③b ④a
　　　　　　3) ①e ②d ③c ④a

ユニット15 1) ①b ②a ③a ④b ⑤a
　　　　　　2) ①d ②e ③b ④c
　　　　　　3) ①e ②d ③c ④b

ユニット16 1) ①b ②b ③b ④a ⑤b
　　　　　　2) ①b ②c ③a ④d
　　　　　　3) ①a ②b ③e ④d

ユニット17 1) ①a ②b ③a ④a ⑤b
　　　　　　2) ①b ②a ③d ④e
　　　　　　3) ①e ②b ③a ④c

ユニット18 1) ①b ②a ③a ④b ⑤a
　　　　　　2) ①b ②e ③d ④a
　　　　　　3) ①d ②a ③e ④b

ユニット19 1) ①a ②b ③b ④a ⑤a
　　　　　　2) ①b ②c ③a ④d
　　　　　　3) ①b ②c ③a ④d

ユニット20 1) ①a ②b ③b ④a ⑤a
　　　　　　2) ①a ②c ③b ④d
　　　　　　3) ①e ②c ③d ④b

ユニット21 1) ①a ②b ③a ④b ⑤a
　　　　　　2) ①d ②b ③e ④a
　　　　　　3) ①b ②e ③d ④a

ユニット22 1) ①a ②b ③b ④a ⑤a
　　　　　　2) ①e ②c ③a ④d
　　　　　　3) ①b ②d ③c ④e

ユニット 23　1)　①b　②a　③b　④b　⑤a
　　　　　　2)　①d　②c　③a　④e
　　　　　　3)　①d　②e　③b　④c

ユニット 24　1)　①b　②a　③b　④a　⑤b
　　　　　　2)　①b　②d　③c　④a
　　　　　　3)　①e　②c　③a　④b

ユニット 25　1)　①b　②a　③b　④a　⑤b
　　　　　　2)　①a　②e　③b　④c
　　　　　　3)　①a　②b　③d　④e

ユニット 26　1)　①b　②a　③b　④b　⑤b
　　　　　　2)　①a　②e　③c　④b
　　　　　　3)　①b　②d　③c　④a

ユニット 27　1)　①a　②a　③b　④a　⑤b
　　　　　　2)　①c　②a　③e　④b
　　　　　　3)　①a　②b　③d　④c

ユニット 28　1)　①b　②a　③a　④a　⑤a
　　　　　　2)　①b　②a　③d　④e
　　　　　　3)　①c　②e　③a　④d

ユニット 29　1)　①b　②b　③a　④a　⑤b
　　　　　　2)　①d　②b　③e　④c
　　　　　　3)　①b　②c　③a　④e

ユニット 30　1)　①a　②a　③a　④a　⑤b
　　　　　　2)　①b　②c　③d　④e
　　　　　　3)　①b　②a　③d　④e

ユニット 31　1)　①a　②a　③b　④a　⑤b
　　　　　　2)　①a　②c　③d　④e
　　　　　　3)　①e　②a　③d　④b

ユニット 32　1)　①b　②a　③b　④b　⑤b
　　　　　　2)　①d　②c　③e　④a
　　　　　　3)　①d　②a　③c　④b

ユニット 33　1)　①b　②a　③a　④a　⑤a
　　　　　　2)　①e　②d　③b　④c
　　　　　　3)　①e　②c　③b　④a

ユニット 34　1)　①a　②a　③a　④b　⑤b
　　　　　　2)　①c　②a　③b　④e
　　　　　　3)　①e　②d　③b　④c

ユニット 35　1)　①a　②a　③a　④b　⑤a
　　　　　　2)　①c　②b　③a　④e
　　　　　　3)　①e　②d　③c　④b

ユニット 36　1)　①b　②b　③a　④a　⑤b
　　　　　　2)　①b　②c　③e　④d
　　　　　　3)　①e　②a　③b　④d

ユニット 37　1)　①b　②a　③a　④b　⑤b
　　　　　　2)　①b　②c　③d　④a
　　　　　　3)　①e　②d　③c　④a

ユニット 38　1)　①a　②b　③a　④a　⑤a
　　　　　　2)　①c　②d　③a　④b
　　　　　　3)　①b　②a　③e　④d

ユニット 39　1)　①a　②b　③a　④b　⑤a
　　　　　　2)　①a　②b　③e　④d
　　　　　　3)　①c　②d　③b　④a

ユニット 40　1)　①b　②b　③a　④b　⑤a
　　　　　　2)　①e　②c　③a　④b
　　　　　　3)　①d　②e　③c　④a

ユニット 41　1)　①a　②a　③a　④b　⑤b
　　　　　　2)　①b　②d　③a　④e
　　　　　　3)　①a　②c　③d　④b

ユニット 42　1)　①a　②b　③a　④b　⑤a
　　　　　　2)　①a　②d　③e　④c
　　　　　　3)　①b　②d　③c　④a

ユニット 43　1)　①a　②b　③b　④b　⑤a
　　　　　　2)　①a　②c　③e　④b
　　　　　　3)　①b　②c　③d　④e

ユニット 44　1)　①a　②b　③a　④a　⑤b
　　　　　　2)　①f　②d　③a　④c
　　　　　　3)　①e　②c　③d　④f

●実戦練習

第 1 回　1)　①2　②1　③2　④4　⑤3
　　　　　　　⑥3　⑦3　⑧4　⑨2　⑩1
　　　　2)　①3　②4　③3　④2
　　　　3)　①2　②1　③4

第 2 回　1)　①4　②2　③1　④1　⑤2
　　　　　　　⑥2　⑦2　⑧1　⑨3　⑩3
　　　　2)　①1　②4　③3　④2
　　　　3)　①1　②2　③1

第 3 回　1)　①3　②2　③4　④2　⑤3
　　　　　　　⑥4　⑦1　⑧4　⑨3　⑩1
　　　　2)　①4　②1　③3　④4
　　　　3)　①3　②1　③4

第 4 回　1)　①1　②3　③4　④3　⑤4
　　　　　　　⑥3　⑦4　⑧4　⑨2　⑩3
　　　　2)　①4　②1　③4　④2
　　　　3)　①3　②2　③1

第 5 回　1)　①1　②2　③1　④1　⑤1
　　　　　　　⑥4　⑦1　⑧3　⑨4　⑩4
　　　　2)　①3　②1　③2　④3
　　　　3)　①1　②2　③3

第 6 回　1)　①1　②2　③3　④4　⑤1
　　　　　　　⑥3　⑦2　⑧3　⑨2　⑩4
　　　　2)　①1　②2　③2　④4
　　　　3)　①1　②4　③4

例文の訳

UNIT 1

① "Dad has been putting on more and more weight recently." "Yeah. he was thinner when we first met, though."

② "When will the new product be launched?" "Early next month, I think."

③ "Are tomatoes a summer vegetable?" "They're supposed to be. Now we can buy them year round at the supermarket, though."

④ You need to apply in advance in order to dispose of a big piece of trash like this.

⑤ The date and time of the concert has been changed. Please check the details on our website.

UNIT2

① Our schedules are all different, so the only time the whole family can get together around the dinner table is during the weekend.

② "Uh, can we keep a cat?" "I'm sorry, pets are not allowed in this apartment."

③ "You pay the rent by bank transfer? "No, I pay it directly to the landlord every month."

④ "Mom, you dropped this ring in the bathroom." "Thanks! I've been looking for it for quite a while."

⑤ Security cameras are installed at the entrance and elevators of this condominium.

UNIT 3

① "How is the new product performing?" "Thanks to support from our customers, sales have been slowly growing."

② <at school> "You bought a new TV?" "No, it was donated to us by our graduating students."

③ "The yen's been really strong lately." "Yeah. I wonder if it will have an effect on how our export industries are run."

④ "I'd like to apply for a card." "Of course. Do you have your savings account passbook and personal seal with you?"

⑤ Every year, I go around paying visits to each of my clients at the start of the new year.

UNIT 4

① "I'm sorry, I'm running late for the meeting." "No worries, it's not a problem even if you are a little late."

② "The stars look really beautiful from way up here." "Yeah. I saw so many stars last night that I couldn't even finish counting them."

③ "This is ¥2000?" "There's a consumption tax added on to that, so its ¥2100, isn't it?"

④ If you're going to buy curtains, you should take accurate measurements of the size of your windows.

⑤ My refrigerator and washing machine cost a total of ¥100,000.

UNIT 5

① I wonder if there's a law that prohibits this sort of thing. Japan treats its corporations too leniently.

② The Japanese diet became richer and more plentiful as the economy developed.

③ In a democratic society, it is necessary first and foremost to hold free elections.

④ Many developed countries today face the problem of an aging population and low birth rates.

⑤ "It's tough to live in an area that is often hit by typhoons." "Yeah. Apparently, crops suffered some damage this year, too."

UNIT 6

① "Which products sell well?" "Well, there's been a lot of awareness of environmental issues recently, so we sell quite a lot of energy-saving devices."

② You'll understand if you use it – we're very proud of the functionality of our product compared with those manufactured by other companies.

③ (at a watch shop) Isn't this convenient? This one has a function that allows you to automatically adjust the time

④ Supply of raw materials is currently on hold due to the accident, so we can't manufacture our products.

⑤ We won't be able to beat the competition if we don't cut back on redundancies and streamline our process.

UNIT 7

① This area is full of steep mountains, so it's really inconvenient if you don't have a car.

② The current has become stronger due to yesterday's heavy rain – it's dangerous to walk along the riverbank.

③ "I thought it was just a passing shower, but it's not letting up at all." "We would've been totally drenched if we had walked around without an umbrella."

④ "There's piles of fallen leaves all over this path." "Yeah. They're wet, though, which makes it hard to walk through them."

⑤ "It's cold today, too." "Yeah, freezing. I saw the pond in the school yard just now and it's frozen over."

UNIT 8

① I've been having a running nose and sneezing non-stop recently because of my hay fever, and it's tough to get any work done, too.

② My younger sister is allergic to metals, so she can only wear watches with leather straps.

③ This doctor is really good. He's really careful and patient during the consultation, and the waiting room is really clean and pleasant.

④ I got hurt pretty often when I was a kid, so I still have all these scars and marks here and there.

⑤ (at the hospital) Relax and breathe out slowly...that's it. OK, now take a deep breath, please...great, you can stop there.

UNIT 9
① The stations are really packed with commuters at this time.
② "Were you able to find this place quickly?" "No, I lost my way and ended up taking a detour."
③ (at the airport) Visitors who have come to see travelers off are not allowed to enter beyond this point.
④ I have to change trains 3 times before I reach my office.
⑤ (on the bullet train) We just passed Shizuoka, so it's about another hour until we reach Tokyo.

UNIT 10
① "This road is under construction?" "Yeah, it looks like a dead end up ahead."
② "What kind of people are behind this project?" "It's mainly headed up by college students."
③ "Where should I put the chairs?" "Please line them up in the corner."
④ The front entrance is closed on holidays, so please enter from the back entrance.
⑤ This room faces the main road, so I'm worried about the noise from traffic.

UNIT 11
① "What sort of things does this club do?" "We organize an international exchange event once a month."
② "Did you see Hayashi-san's haikus featured in the newspaper?" "Yeah, they were really good!"
③ "Could we have your signature for our petition?" "Sure."
④ "You have a lot of clothes." "I really love getting all dressed up."
⑤ My uncle knows a lot about the temples and shrines in this area, so he gives tours to tourists on a volunteer basis.

UNIT 12
① Fees for private universities are really high, so my parents would like me to attend a national or public university.
② I need to analyze the survey results and submit a report before next week's seminar.
③ "How was the exam?" "Terrible. I knew I didn't have what it takes. I'm probably gonna flunk it."
④ "Are you busy every day?" "Well, I'm a graduate research student, but I also teach at a cram school in the evenings."
⑤ "I'm thinking of applying from that in-house corporate training program that was advertised on the bulletin board." "But don't you need a letter of recommendation from a professor? Who are you going to ask?"

UNIT 13
① The part-time job I started is a little tough, but the hourly wage is good.
② "I saw your help wanted ad – what should I do if I want to apply?" "First, you'll have to come to an interview, so please bring along your resume with a photo attached."
③ "I wonder if people with no experience can apply." "I think they can. It says here 'no experience required'."
④ If you have any questions, please do not hesitate to ask.
⑤ "There are quite a lot of help wanted ads in that newspaper, right?" "Yeah. But there aren't very many with attractive conditions."

UNIT 14
① We're just a small company with only 8 employees, so our office only consists of this space and one other room.
② The company plan for how to deal with this problem hasn't been drawn up yet.
③ This client showed up out of the blue, so I took care of him for the time being.
④ This was a request from Aoki-san, who's always been a great help to me, so I decided to take on the job.
⑤ "Is your manager Yamada-san around?" "No, he's away from his desk at the moment."

UNIT 15
① I'm such an idiot for working so diligently when everyone else is having fun, don't you think?
② "I was this close to passing – what a waste!" "Yeah. Just one more point!"
③ You can easily analyze the sales data with this program.
④ The reviews aren't that good, it seems, but I found this book really interesting, personally speaking.
⑤ I'll decide what to do after taking a look at the detailed documents.

UNIT 16
① "That's funny. I'm not connected to the Internet." "Isn't that because you're not plugged in?"
② I'll send you the photos I took on my vacation – can you tell me your email address?
③ "You get a good picture of what she's into when you see her Favorites." "Certainly. Mine are all soccer-related sites."
④ "How do you continue when you get to the next screen?" "That's where you enter your password."
⑤ "When the email from Aoki-san comes, could you forward it to me, too?"

UNIT 17
① "I wonder how Hayashi-san's feeling lately." "Apparently, he got better pretty quickly."
② "Can anyone do this job?" "No, those under 20 are not allowed to do it."
③ There are about 3000 students at this university.
④ The number of people who catch colds goes up dramatically in the winter.
⑤ A survey on politics will be conducted next month.

UNIT 18
① "Tanaka-san complained again?" "Yeah. I'm forced to listen to it every day, so it's a real pain."
② "The number of people who send New Year greetings by email instead of writing New Year cards is increasing." "Yeah. But there are some people who prefer not to."
③ "I wasn't able to pass, again." "Don't be so depressed.

③ "I wasn't able to pass, again." "Don't be so depressed. Just work harder the next time around."

④ "It's been smooth sailing since I'm not the one in charge this time." "That's nice. It's been really hectic around here, though."

⑤ I took on the job without really thinking about it, but it was harder than I thought when I actually got around to it.

UNIT 19

① My girlfriend consoled me when I messed up on the job and became depressed.

② It's not an ideal situation, but we don't have any choice but to follow what the manager says.

③ He's really raring to go now, so try to not blame him too much if he messes up even a little bit.

④ She's someone you can really trust, so I discuss things with her on a regular basis.

⑤ "Would you like something cold to drink?" "No, thanks. Don't worry too much about me."

UNIT 20

① "So many people! What's the commotion about?" "Looks like there was some accident."

② The work has been allocated, so I'll go and have my lunch now.

③ "Excuse me, I have a fever. Could I please leave early today?" "Of course. Take care of yourself."

④ "Is it true that Hara-san will get married?" "Oh, really? Does everyone know about that? I think our boss is saying about it just by himself."

⑤ "Could we have tomorrow's meeting a bit earlier?" "Sure. How about 5:00?"

UNIT 21

① "Hayashi-san isn't here yet. Shall I give her a call?" "She'll be here soon, won't she?"

② "Looks like the typhoon is getting closer." "Yeah, the rain has gotten a lot stronger, too."

③ "The neighbours are really making a racket." "Seems like they're having a lot of guests over."

④ "You're all out of small change?" "Yeah. I used it all up before I knew it."

⑤ The use of dictionaries and other aids is absolutely not allowed during the examination.

UNIT 22

① "It's my first business trip abroad, so I'm a bit nervous about various things." "Hara-san will be with you, so it'll be OK."

② "It's a small town, but some of the facilities are amazing." "Yeah. There's an art museum, too."

③ "Hayashi-san, could you get these documents ready by tomorrow?" "Of course."

④ (everyone joking around and making fun of someone) "Don't pay him too much attention." "Yeah, he's a real serious type."

⑤ "There are so many events happening around the end of the year – it's been a real whirlwind." "You can say that again. We haven't had any time to catch our breath."

UNIT 23

① "What does this job involve?" "It's simple. You can get it done in no time at all."

② "What format should I use to prepare the documents for the meeting?" "The same format as these, please."

③ "This article doesn't tell you why the accident happened." "Yeah. They left out the important bits."

④ This hotel building was built in a Western style, but it seems they also have Japanese-style rooms.

⑤ We will send the items you ordered to your home address soon.

UNIT 24

① "Was something bothering you?" "You can tell? It really shows on my face, doesn't it."

② I think that shirt looks better and more natural if you leave the top button undone.

③ "How long does it take to get to the station from your house?" "About 20 minutes when I measured it recently."

④ "Our team's not in good form today, huh." "Yeah. They've been just getting killed the whole time!"

⑤ What makes this detergent so unique is the way in which it can quickly get rid of any sort of oily stain.

UNIT 25

① "How was the US?" "It was great. I managed to meet the host family I stayed with when I was an exchange student for the first time in 10 years."

② "This part is a little awkward." "Yes, you're right. Let's use a different word, then."

③ "Three days and two nights are only enough time to tour the famous sightseeing spots." "Well, we don't have a choice."

④ "What's happened with the redevelopment around the train station?" "Apparently, it was halted because the plans weren't concrete enough."

⑤ "All sale items are 50% off starting tomorrow!" "In that case, we have to go."

UNIT 26

① It's going to gradually get colder from now on, so please take extra care of yourself.

② "Did you drop the postcards off?" "Oh, sorry! I totally forgot about them. I'll go drop by the postbox now."

③ Thank you so much for your kind invitation, but I already have plans on that day, unfortunately.

④ "It tastes weird after adding the sugar, doesn't it?" "Yeah. We shouldn't have added anything."

⑤ "Let me guess – the documents aren't ready yet?" "I just finished preparing them. Could you check them, please?"

UNIT 27

① "They all look good. Maybe I should buy one of each of these." "Don't be so greedy – you won't be able to finish all of them!"

② "You shouldn't mention this to him." "You're right. He's a real blabbermouth."

③ "I'm really clumsy, so I'm no use at peeling vegetables."

④ He's a really serious and earnest type – someone you can trust.

⑤ I'm a timid sort of person. I can't really say what I feel with any conviction.

UNIT 28

① "This is a really rare insect." "Yeah, you can only find it in Africa."

② "We have to check all of these?!" "Yeah. It's kind of a hassle, but we have to do it in order to cut down on the number of errors."

③ "How was that movie?" "The plot was insane – I couldn't really make sense of it."

④ "That's a unique shape for a car." "Apparently, it was designed by a famous Italian designer."

⑤ She always helps me out when I'm in trouble – I'm really grateful for that.

UNIT 29

① "Won't it burn if you don't flip it over soon?" "Nah, it's still OK."

② "Did you see Yamamoto-san?" "I passed her in the corridor just now."

③ "I got bitten by a mosquito – it really itches." "You shouldn't scratch it so much."

④ "I can't find those important papers." "Aren't they inside that set of documents?"

⑤ Even if I tidy up the place, the kids will soon mess it up again.

UNIT 30

① "Hey, the water in the cup is overflowing!" "Oh, sorry! I didn't notice."

② It's missing some parts, so it doesn't work well.

③ Due to the rain, the schedule's been changed – it's been pushed back one week later than originally planned.

④ I'll skip the redundant explanations and just talk about the important issues.

⑤ "Is the consumption tax included in this price?" "Yes, it is."

UNIT 31

① Could you iron this pair of pants later?

② I won't know what I should do if you don't give me proper instructions.

③ The color on this shirt came off in the wash today and got on all the other clothes, too.

④ "You're growing your hair out?" "No, I just haven't had time to get it cut. Actually, I'd love to get a haircut soon."

⑤ ¥13,000? Hmm, that's a little pricey. I'd buy it if they discounted it to ¥10,000, though.

UNIT 32

① "Can you return me the money I lent you the other day?" "Sorry, I get paid on Friday – can you wait until then?"

② "My family is really poor. I don't think I would have been able to go to university if I didn't get the scholarship."

③ The second floor gets more sunlight – could you dry the laundry there?

④ "You're going to the office on a Saturday?" "Yeah. Nobody will be around, though, so I'll be able to get work done."

⑤ It's a present for someone, so please take off the price tag and wrap it up.

UNIT 33

① "I didn't have enough time at all during the exam today." "Me neither. I was planning to look over my answers at the end, but I hardly got through them at all."

② I've decided to follow my older brother's example and get up early in the morning.

③ Just on a whim, I decided to go check out that restaurant for the first time in a while.

④ (at a restaurant) "Sorry! I forgot to withdrawn money." "In that case, I'll pay first."

⑤ You are the emcee, and you said someone's name wrong. What a disaster.

UNIT 34

① I'm trying to make a conscious effort to speak in a way that will get my message across effectively and easily.

② I've made the starting time a little later in consideration of those people who are coming a long way.

③ I'm going to distribute some printouts now. First of all, please write your name on them.

④ Please bring writing implements and a watch to the seminar.

⑤ I usually have dinner at home, but I also eat out once in a while.

UNIT 35

① It's just a slight cold, so I'll probably get better after a good night's rest.

② I've put stickers on all my things so that you can tell them apart at a glimpse.

③ This test will be conducted at over 2000 schools all over the country.

④ Opposition from residents has gotten stronger, but construction is apparently going ahead.

⑤ I manage the data on a computer, so I can quickly find out how much of each product is available.

UNIT 36

① I'm thinking of trying my hand at something new – a foreign language, or some sport.

② All your opinions are welcome, so please feel free to speak up.

③ Tanaka-san and Yamada-san are going too, so please add their names to the list of participants.

④ The books have been classified and arranged on the bookshelves according to genre – novels, essays, etc.

⑤ The company went under, so Tanaka-san apparently has to find a new job.

UNIT 37

① "Which one are you going to get?" "I'd prefer this one, but it's a little over my budget."

② I've mastered the new software, so feel free to ask me

any questions.

③ This book has 500 pages? That's pretty hefty.

④ I'm swamped at work and my boss has been getting angry at me. The stress piles up everyday.

⑤ My friend and I are planning where to go during the long weekend in September.

UNIT 38

① The rush hour every morning is incredible – I get tired out just trying to get to the office.

② "This chocolate is apparently selling really well." "Ah, yes – I've been seeing it a lot in commercials."

③ How about this bag over here? It's an original design unique to this store.

④ This is a commercial area, so all the restaurants are full of salarymen at lunchtime.

⑤ "The cherry blossoms in the park were really beautiful." "Speaking of which, it's going to be hanami season soon!"

UNIT 39

① "They were in the lead all along, and now they've lost it again?" "It's happened to them pretty often recently."

② "The lecture yesterday was really interesting." "How to conserve nature in the Amazon, right? I wanted to go to that, too."

③ Japanese foods are enjoying something of a boom in this country at the moment. They've been appearing in new dishes at all these different restaurants.

④ There's still a lot I don't know, so a seasoned veteran teaches me all the tricks of the trade.

⑤ I set my cellphone on silent mode so that it doesn't go off in the middle of a class.

UNIT 40

① "What should I do? I'm not going to be able to hand in my report in time." "Why don't you ask your teacher nicely for an extension?"

② "Don't you think Tanaka-san has been looking kind of worn out recently? I wonder what the matter is." "Really? Maybe it's just you."

③ "Lots of cafes have popped up recently." "Yeah. You notice them a lot when you walk around the neighborhood."

④ "I wonder if I should go somewhere for a holiday at the end of the year." "Isn't that a bit hasty? That's still more than 10 months away."

⑤ A bad tooth left alone can lead to all sorts of illnesses, so you shouldn't treat it lightly.

UNIT 41

① "What's the matter? You look exhausted." "Yeah, I pulled an all-nighter last night, so I'm really tired."

② "I messed up at work again." "Don't look so upset. Just make more of an effort the next time."

③ "You look like you're in a good mood." "You can tell? We're going out to dinner for the first time this weekend."

④ I don't really like to decorate my cellphone with these shiny, sparkling things.

⑤ This bunch of kids made a huge racket, so the inside of the house is a total mess.

UNIT 42

① Hayashi-san showed me a photo of his girlfriend yesterday. She's really pretty.

② I get really nervous when speaking in front a hushed crowd.

③ "Can you see that red sign over there?" "Yes. I can make it out, but only just." ("My eyes have been blurry since just now, so I can't see that well." "You must be tired. Why don't you take a rest?")

④ "It's Dad's birthday next week." "Yeah. Let's go and secretly buy him a present."

⑤ The first time I came to Shinjuku, I didn't know where the station exits were, so I ended up going back and forth.

UNIT 43

① The hourly wage is ¥1000, but we only pay ¥800 for the first two weeks.

② This computer software is really easy to use. What's more, it's free.

③ "Speaking of which, what's happening with that project we discussed the other day?" "Nothing's been decided yet."

④ I'm already busy with the work I have now, so it's going to be difficult to handle any other projects in addition to that.

⑤ Shall we go to Kyoto on our summer vacation? Or Nagoya?

UNIT 44

① "Mori-san seems to be having a slight cold." "He catches it often. I think he tends to falls sick a lot."

② "What should we do with this half-drunk juice?" "Oh, you can throw that away."

③ I was so happy to see my friends from high school for the first time in 10 years that I got totally carried away talking.

④ "Why are you all covered in sweat?" "Well, I was running late, so I ran all the way here."
(I'm sorry that I asked a lot. After all, this is my first time, and I'm a little anxious about it.)

⑤ His letter was so full of mistakes that I couldn't make head or tail of it.

UNIT 1
① "爸爸最近变胖了啊！""是啊，以前碰到他的时候，他还挺瘦的。"
② "新产品什么时候开始上市呢？""我想是下个月的上旬左右。"
③ "西红柿是夏天的蔬菜吗？""是啊。但是，现在一年四季都能在超市买到。"
④ 如果要扔这样的大件垃圾，需要事前申请。
⑤ "演唱会的日期有所改动，请在网页上确认。"

UNIT 2
① 大家的时间都不统一，一家人能聚到餐桌的时间只有周末。
② "请问，能养猫吗？""对不起，这栋公寓不能养宠物。"
③ "房租是采取汇款方式吗？""不是，是每个月直接付给房东。"
④ "妈妈，戒指掉到洗脸池了。""谢谢，刚才我还一直在找呢。"
⑤ 这栋公寓的大门口和电梯都安装有防盗的摄像头。

UNIT 3
① "新产品的销路怎么样？""嗯，托您的福。现在销售额在慢慢地增加。"
② (学校)"买新电视了？""没有，是毕业生们寄赠的。"
③ "最近日元上涨了啊！""是啊，这对出口行业的经营会有所影响。"
④ "我想办张卡。""好的，请问您有银行的存折和印章吗？"
⑤ "每年的年初都要去贸易伙伴那里进行例行问候。"

UNIT 4
① "对不起，看来开会我要迟到一些。""迟到一点儿也没关系。"
② "高原的星星很漂亮啊！""是啊，昨天看到了好多数不清的星星。"
③ "这是2000日元？""是啊，加上消费税，要花2100日元啊！"
④ 如果买窗帘的话，就要好好测量一下窗户的大小。
⑤ "买了冰箱和洗衣机，合计要花10万日元。"

UNIT 5
① 没有禁止这种事情的法律吗。日本对企业真是太过松懈了。
② 随着经济的发展，日本的餐桌上也变得丰盛起来。
③ 在民主主义的社会，首先，必须进行自由的选举。
④ 今天，很多先进的发达国家都面临着高龄化和少子化的问题。
⑤ "台风经过的地方真是挺够呛啊。""是啊，听说今年的农作物也受灾了。"

UNIT 6
① "什么产品受欢迎呢？""最近人们的环保意识提高了，节能的商品比较畅销。"
② 您用了就知道，和其它公司的产品相比，我们的性能上占优势。
③ (钟表店)这个方便吗？听说有自动调节时间的功能。
④ 现在由于事故的影响，停止了原料的供给，处于不能生产的状态。
⑤ 不扔掉无用的东西，进行合理化配置，就不能在市场竞争中站稳脚跟。

UNIT 7
① 这附近的山都比较陡峭，没车非常不方便。
② 由于昨天的大雨，水流变得湍急，沿着河边走的话，有些危险。
③ "我还以为是急雨呢，一点儿都不停。""就那样不打伞走的话，全身都会湿透的。"
④ "这条路上堆积了好多落叶啊！""是啊，真是挺多的。就是湿漉漉的，不好走路。"
⑤ "今天也挺冷的啊！""是冷。刚才一看，学校庭院里的池塘都结冰了。"

UNIT 8
① 最近由于花粉症，鼻涕和喷嚏一直止不住，工作也挺够呛的。
② 我妹妹是金属过敏症，表带也只能是皮革的。
③ 现在经常给我看病的医生很好。看病认真，候诊室也很干净。
④ 小时候经常受伤，身上到处都留着伤口。
⑤ (医院)放松身体，慢慢呼吸。···好的，然后，大口地吸气。···好了，请停下来。

UNIT 9
① 这个时间段，上班的人多，车站非常拥挤。
② "那里很快就找到了吗？""没有，搞错路了，绕远了。"
③ (机场)送亲友的人们只能送到这里，不能进去了。
④ 到公司，必须要换乘三次电车。
⑤ (新干线)现在正经过静冈，到东京大概还需要一个小时。

UNIT 10
① "这条路正在施工？""嗯，好像前面不能通行。"
② "什么人在搞这个活动呢？""以大学生为中心在弄。"
③ "椅子放在哪里好呢？""放在房子的角落里吧。"
④ 休息日正面入口是关着的，请请从后门进去。
⑤ 这个房间面朝大路，担心听见车子的噪音。

UNIT 11
① "这个俱乐部是做什么活动？""一个月举行一次国际交流会。"
② "报纸上介绍了小林的俳句。""是啊，非常好的作品。"
③ "你能帮忙参加署名活动吗？""好的。"
④ "你的衣服真美啊。""时尚是我最大的兴趣。"
⑤ "叔叔对这附近的寺院和神社很清楚，经常作为志愿者带着客人们观光。"

UNIT 12
① 私立的学费贵，父母希望我去国立或者是公立的学校。
② 下周的讨论会之前，分析调查结果，必须提出报告。
③ "考试怎么样？""一点都不行。我还是感觉实力不够。可能不及格。"
④ "每天都这么忙啊？""是啊，现在是研究生院的预备生，晚上还要当补习学校的老师。"
⑤ "揭示板上写的企业内研修项目，我想申请一下。""但是不是需要教授的推荐啊？你请哪个老师推荐你呢？"

UNIT 13
① 这次的工作，有些累人，但是，工资还可以。
② "我看了招聘广告，如果想应聘的话，怎么做才好呢？""首先需要面试，面试的时候，请带上贴了照片的履历书。"
③ "没有经验的人不行吗？""嗯，好像没关系。这里写着'不问经验'嘛。"
④ 如果您还有什么不明白之类的地方，请随时咨询。
⑤ "那张报纸上写了好多招聘广告啊。""是啊，但是，都不是好条件的。"

UNIT 14
① 只有八个职员的小公司，办公室也只有这里和另外一个房间。
② 怎样处理这个问题，好像公司还没下决定。
③ 这是个紧急客户，暂且由我来应付的。
④ 这是总是对我有所照顾的青木对我的托付，所以决定接受这个工作。
⑤ "山田部长在吗？""对不起，山田现在不在。"

UNIT 15
① 大家都在玩，就我一个人在认真的工作，你不觉得可笑吗？

② "还差一点儿就及格了，太可惜了。""嗯，就差一分啊。"
③ 如果有了这个程序，就能简单地分析出销售数据了。
④ 社会上的评价好像不太高，但我认为这是本有意思的书。
⑤ 看了详细的资料，我才想判断该怎么做。

UNIT 16
① "真奇怪，上不了网啊。""是不是电源没接上？"
② 我把旅行中照的照片给你邮寄过去，你告诉我邮箱地址吧。
③ "看那个人的收藏夹，就知道本人的兴趣了。""的确。我的话，收集的都是关于足球的网页。"
④ "怎样进入下一个画面？""在那里输入密码。"
⑤ 如果青木寄邮件过来，请你转发给我吧。

UNIT 17
① "小林，最近身体情况怎么样？""嗯，听说慢慢地好了。"
② "谁都能做这个工作吗？""不是，没满二十岁的人不能做。"
③ 这个大学里有不到三千的学生在学习。
④ 一到冬天，患感冒的人就急剧增加。
⑤ 下个月，要实施关于政治的问卷调查。

UNIT 18
① "田中还在发牢骚呢？""是啊，每天都不得不听，真的很烦。"
② "现在不写贺年卡，而用发邮件的方式来进行新年问候的人增加了啊。""是啊，但是也有人不喜欢这种方式。"
③ "啊，又没及格啊。""别气馁。下次再加油不就行了。"
④ "这次不是负责人，所以比较轻松。""真好。我这里就那么轻松了。"
⑤ 用很轻松的心情接受了这项工作，实际做了一下，才发觉比自己想像的更难。

UNIT 19
① 工作中出错，不开心的时候，她总是安慰我。
② 虽然不理解，但是只有遵从部长所说的话。
③ 他现在很有干劲儿，即使有点儿失败，也别太责怪了。
④ 她是个能相信的人，平常就总是和她商量。
⑤ "你要喝点儿什么凉的饮料吗？""不用。您别张罗了。"

UNIT 20
① "人真多啊，发生什么事了？""好像是发生什么事故了。"
② 工作告一段落了，我去吃午饭啊。
③ "对不起，我有些发烧，今天可以早点回去吗？""可以的，你要注意身体。"
④ "小原，听说你要结婚了，是真的吗？""诶？传言传得这么快啊？那只是科长随便说的。"
⑤ "明天的约定，能提前一些吗？""可以的，那五点行吗？"

UNIT 21
① "小林不来啊。打电话问问吧。""嗯，一会儿会来吧。"
② "听说台风要接近了啊。""是啊，雨也会下得更大吧。"
③ "隔壁家真吵啊！""好像来了很多客人啊。"
④ "零钱已经用光了吗？""嗯，不知不觉地用完了。"
⑤ 考试期间，禁止使用任何辞典。

UNIT 22
① "这是第一次出差去国外，还有些不安。""原先生也一起的，没关系。"
② "这座城市虽然很小，但是有些很好的设施。""是啊，还有美术馆。"
③ "小林明天之前，能帮我准备好这份资料吗？""好的，没问题。"
④ （大家开玩笑，戏弄他的时候）
"别太管他为好。""是啊，他是个认真的人。"
⑤ "年末有好多活动，真忙啊。""是啊，真是静不小心来。"

UNIT 23
① "这项工作是什么内容？""是单纯的工作。很快就能做好。"
② "会议的资料采取怎样的形式做比较好？""和这个一样的形式就可以了。"
③ "从这则报道中看不出事故的原因啊。""是啊，重要的部分没写呢。"
④ 这座酒店是西洋式建筑，但好像也有和式房间。
⑤ 您订购的商品，过几天我们会送到您家里去。

UNIT 24
① "你是不是有什么不开心的事啊？""看得出来吗？我（的情绪）很明显就表现在脸上。"
② 那件衬衫不扣最上面一颗扣子，感觉比较自然。
③ "从家到车站要花多长时间呢？""上次计算了一下，要花二十分钟左右。"
④ "咱们队今天状态不佳啊！""是啊，刚才开始就一直都被对方猛攻。"
⑤ 不管是什么样的油污，都会被立刻清除掉，是这种洗涤剂的特长。

UNIT 25
① "美国怎么样呢？非常好。这次又见到了阔别十年留学时候寄宿的美国家庭。"
② "这种表达方式有些不太自然啊。""是啊，那么，改成其它什么不同的词语吧。"
③ "三天两晚的话，只能看看观光地了。""哎，没办法啊。"
④ "车站前面的再次开发怎么样了？""计划欠缺具体性，所以听说中止开发了。"
⑤ "每天起打折产品都半价啊！""那一定要去了。"

UNIT 26
① 天气渐渐寒冷下来。您要注意身体啊。
② "贺卡帮我发出去了吗？""啊，对不起，我不小心忘记了。现在我去给你发。"
③ 感谢您特意邀请我，不过，那天不凑巧我有其他安排。
④ "放了糖，相反地变成了奇怪的味道。""是啊，还不如什么都不放比较好呢。"
⑤ "是不是资料还没弄好啊？""现在刚刚弄好。请检查吧。"

UNIT 27
① "哪个看起来都挺吃的。这里所有的一样买一个回去吧。""你那么贪心都想买去吃的话，也吃不完啊！"
② "这些事别对他说比较好。""是啊，那个人的嘴比较碎。"
③ "我笨手笨脚，不太擅长削水果皮。""你用这个就能简单地削下来。"
④ 他是一个很认真的，值得信赖的人。
⑤ 我很软弱，不太擅长强烈地表达自己的意见。

UNIT 28
① "这是条很稀奇的虫子。""是啊，只有非洲有这种虫。"
② "这些全部都检查吗？""是的，虽然有些麻烦，但是为了减少错误，这也没办法。"
③ "那部电影怎么样？""拍得乱七八糟的，不知道在演什么。"
④ "这辆车的造型很独特啊！""听说这是意大利的著名设计师设计的车。"
⑤ 她总是在我难的时候帮助我，我很感激她。

UNIT 29
① "再不翻过来就要烤焦了。""还没到时候呢。"
② "没看见山本？""刚刚在走廊里和他错过。"

③ "被蚊子咬了,真痒。""别挠它。"
④ "找不到那个重要文件了。""没夹在资料里吗?"
⑤ 就是收拾好了,也会马上被孩子弄乱。

UNIT 30
① "喂,杯子里的水溢出来了。""啊,不好意思,我没看到。"
② 好像差什么零件,机器动不了。
③ 下雨日程只好退后,比最初的预定迟了一周的时间。
④ 省掉没用的说明,我只说重要的地方吧。
⑤ "这个价格含消费税了吧。""嗯,含在里面的。"

UNIT 31
① 一会儿能帮我熨一下这条裤子吗?
② 不发出正确的指示的话,别人就不知道怎么样做才好了。
③ 今天一洗衣服,衬衫的颜色掉了,沾到其他衣服上了。
④ "头发长了。""是啊,只是没有时间去剪头发。真想早点剪掉。"
⑤ 一万三千啊……有点儿贵了。低于一万日元我就买了。

UNIT 32
① "上次借给你的钱,能还吗?""对不起,星期五才发工资,再等等吧。"
② "我们家太穷,如果得不到奖学金的话,我想就上不了大学了。
③ 二楼阳光比较好,洗的衣服能帮我晾晒到二楼吗?
④ "星期六还去公司吗?""是啊,因为没人,工作效率更佳。"
⑤ 这个我要作为礼物送人的,请把价格取掉,包装一下。

UNIT 33
① "今天的考试时间一点儿都不够。""我也是觉得不够。最后还打算再看看呢,不过,还是没时间了。"
② 我学哥哥,每天早上也起早了。
③ 突然想起来了,去了一下很久没去的那个店。
④ (在餐馆)"对不起,我忘记取钱了。""哦,那我先垫付吧。"
⑤ 你还是主持人呢,把别人的名字都说错了。真是犯了一次大错误啊。

UNIT 34
① 我准备有意识地清楚明了地向大家转达。
② 考虑到远到的人,决定推出开始时间。
③ 要发放资料了,首先请大家写好姓名。
④ 研讨会的时候,请大家自带书写工具和手表。
⑤ 晚饭总是在家吃,有时候也在外面吃。

UNIT 35
① 很轻的感冒,好好躺着休息就会很快恢复的。
② 为了一目了然地区别开,我的东西上都贴了条。
③ 听说这次考试,在全国两千所以上的学校实施了。
④ 居民们反对的声音变强了,听说工程还是要持续下去。
⑤ 电脑在进行数据管理,现在哪种商品的数量有多少,立刻就能明白。

UNIT 36
① 外语或是运动,我想挑战一些新的东西。
② 什么样的意见都行,请大家自由发言吧。
③ 听说田中和山田也去,请追加到参加者名单上吧。
④ 小说或者是随笔,分门别类排放在书架上。
⑤ 听说田中因为公司倒闭了,必须找新的工作。

UNIT 37
① "你选择哪个?""这个比较好,要是这个的话,预算就有些超支了。"
② 我已经掌握了新软件的使用方法,你可以随便问了。
③ 这本书有五百多页。量真是大啊。

④ 工作又忙,被上司责骂。每天压力都很大。
⑤ 9 月份连休去哪里,正和朋友制定计划呢。

UNIT 38
① 每天早上去上班的人群都很拥挤,光去公司就累得不得了。
② "这种巧克力,听说很畅销哦。""啊,最近经常在广告上看到。"
③ 这种包怎么样? 这是我店的独特设计。
④ 这附近都是办公楼,好像午饭时间哪个店都是满满的工薪族。
⑤ "公园的樱花很漂亮。""这么说来,快到赏花季节了吧。"

UNIT 39
① "一直都领先啊,又被别人超过了吗?""最近都是这样。"
② "昨天的演讲会,真有意思。""主题是亚马逊的自然保护吧。我也很想去来着。"
③ 这个国家现在有些流行日本的食品,各个商店都有新菜单啊。
④ 还有很多不明白的地方,还请有经验的人交给我各种各样的东西。
⑤ 上课中为了不让手机响,一直都设定为振动模式。

UNIT 40
① "怎么办? 来不及提交报告了。""向老师道歉,请老师再等等不行吗?"
② "你不认为田中最近没有精神吗? 是不是有什么啊?""是吗? 是不是心情的关系啊。"
③ "最近的咖啡店增加了。""是啊,走在街上,经常就映入眼帘。"
④ "年末去哪里旅游呢?""真是性急。到年末为止还有十个月多呢。"
⑤ 如果放任虫牙不管的话,就会发展为各种各样的病症,可不能掉以轻心啊。

UINT 41
① "怎么了? 软弱无力的样子。""是啊,昨天熬夜工作,太累了。"
② "工作又出现错误了。""别那么闷闷不乐了。下次注意不就可以了。"
③ "挺高兴的啊。""你知道吗? 周末,我和他第一次去吃饭啊。"
④ 我不喜欢手机上挂一些亮晶晶的装饰品。
⑤ 孩子们又吵又闹,家里面乱成一团。

UNIT 42
① 昨天瞄了一眼小林女朋友的照片。真漂亮。
② 在安静的剧场观众面前说话,有些紧张。
③ "从那里看不见红色的看板吗?""嗯,看见了。有些模糊。"
("刚才眼睛前模模糊糊的,看不见啊。""是不是太累了。休息一下怎么样?")
④ "下周是父亲的生日。""是啊,我们悄悄地买礼物吧。"
⑤ 第一次来新宿的时候,不知道车站的出口处,有些徘徊。

UNIT 43
① 每小时工资是一千日元。但是,开始的两周是八百日元。
② 这个电脑软件非常方便,而且还是免费的。
③ "对了,上次说的那件事情怎么样了?""还什么都没决定呢。"
④ 就是现在的工作都非常忙了,而且还有其他的工作,那更难了。
⑤ 暑假的旅行去京都吗? 还是去名古屋?

UNIT 44
① "森好像感冒了啊。""他经常感冒来着。很容易生病。"
② "喝了一半的果汁,怎么处理呢?""啊,扔掉吧。"
③ 碰见了十年没见的高中朋友,谈得非常来劲。
④ "怎么出那么多汗?""看要迟到了,赶紧跑过来的。"
(对不起我问了好多。因为我第一次来,我很担心。)
⑤ 他写的信净是错误,不知道写些什么。

UNIT1

① "아빠, 요즘 점점 뚱뚱해졌네." "그래, 만났을 당시에는 좀 더 말라있었는데."

② "신제품은 언제쯤 발표됩니까?" "다음 달 상순경이라고 생각해요.

③ "토마토는 여름 야채야?" "사실은 그래. 하지만 지금은 일년내내 수퍼마켓에서 살 수가 있지만."

④ 이런 대형 쓰레기를 버릴 경우는 사전에 신청서가 필요합니다.

⑤ 콘서트 일시가 변경되었으니까 홈페이지에서 확인해 주세요.

UNIT 2

① 시간이 맞지 않아서 가족 전원이 식탁에 모이는 것은 주말뿐입니다.

② "저, 고양이는 기를 수 있습니까?" "죄송해요. 이 아파트는 애완동물 불가이에요.

③ "집세는 은행 입금?" "아니요, 집주인에게 매달 직접 내고 있어요."

④ "엄마, 이 반지 세면대에 떨어져 있었어." "고마워. 아까부터 찾고 있었어."

⑤ 이 아파트에는 현관과 엘리베이터에 방범카메라가 달려 있다.

UNIT 3

① "신상품의 판매　동향은 어떻습니까? " "네, 덕분에 조금씩 매상이 오르고 있습니다."

② < 학교에서> "새 텔레비전을 샀습니까?" "아니오, 졸업생이 기부해주었어요.

③ "최근 엔고이네" "응, 수출산업은 경영에 영향이 있을거야"

④ "카드를 만들고 싶습니다만" "알겠습니다. 은행 예금 통장과 인감을 가지고 계십니까?"

⑤ 매년 연초에 거래처를 돌고 인사를 합니다.

UNIT 4

① "죄송합니다. 회의에 늦을것 같습니다" "조금 늦어도 문제는 없습니다."

② "고원은 별이 예쁘군요." "네. 어제도 셀 수없을 만큼 별을 보았어요."

③ "이것, 2000 엔?" "아니, 소비세가 붙으니까 2100 엔이지."

④ 커텐을 산다면 창의 크기등을 제대로 재는 것이 좋아.

⑤ 냉장고와 세탁기를 사니 합계가 10 만엔이나 들었다.

UNIT 5

① 이런 것을 금지하는 법률은 없을까. 일본은 기업을 너무 봐준다.

② 경제 발전과 함께 일본의 식탁도 풍요롭게 되었습니다.

③ 민주주의 사회에서는 우선 자유로운 선거가 이루어지지않으면 안됩니다.

④ 오늘날 많은 선진국이 고령화와 출생률 감소 문제를 안고 있습니다.

⑤ "태풍이 자주 지나가는 지방은 큰 일이네" "응. 올해도 농작물에 조금 피해가 있다."

UNIT 6

① 「어떤 상품이 인기가 있습니까?」「최근에는 여러분 환경에 대한 의식이 높으니까 에너지 절약타잎이 팔립니다.」

② 사용하시면 아시겠지만, 타사 제품과 비교해 성능에는 자신이 있습니다.

③ <시계점에서>이것이 편리하지 않아 ? 자동으로 시각을 조정하는 기능이 있대.

④ 지금 사고 영향으로 원료 공급이 멈추어 있어 생산할 수 없는 상태입니다.

⑤ 낭비를 없애고 합리화를 진행하지 않으면 시장에서의 경쟁에는 이길 수 없습니다.

UNIT 7

① 이 부근은 험준한 산이 이어지니 자동차가 없으면 무척 불편합니다.

② 어제의 큰 비로 물살이 빨라져서 강가를 걷는 것은 위험합니다.

③ 「소나기라고 생각했는데 전혀 그치지 않네.」「그대로 우산을 쓰지 않고 걸었다면 흠뻑 젖었을 거야.」

④ 「이 보도, 낙엽이 가득 쌓였네.」「굉장하군. 하지만, 젖어서 조금 걷기 어렵다.」

⑤ 「오늘도 춥네.」「춥다. 아까 보니 학교 마당의 연못도 얼어 있었어.」

UNIT 8

① 최근에는 꽃가루 알레르기로 콧물과 재채기가 멈추지 않아 일을 하는 것도 힘듭니다.

② 우리 여동생은 금속 알레르기여서 시계는 가죽 벨트의 것밖에 착용하지 못합니다.

③ 지금 다니는 의사선생님은 좋습니다. 진찰이 꼼꼼하고 대기실도 깨끗하고.

④ 어렸을 때 자주 다쳐서 몸의 여기저기에 작은 상처 자국이 남아 있습니다.

⑤ 〈병원에서〉몸을 편히 하고 천천히 숨을 내쉬어주세요.···네, 그럼 이번은 크게 숨을 들이마셔 주세요.···네, 거기에서 멈추세요.

UNIT 9

① 이 시간은 통근하는 사람으로 역이 무척 혼잡하다.

② 「여기는 금방 알았습니까?」「아니요, 길을 틀려서 멀리 돌아왔습니다.」

③ 〈공항에서〉여기서부터 앞은 배웅하시는 분은 들어갈 수 없습니다.

④ 회사에 가기까지 3 번이나 전차를 갈아 타지 않으면 안됩니다.

⑤ 〈신칸선에서〉지금 시즈오카를 통과했으니까 동경까지 앞으로 1 시간 정도네.

UNIT 10

① 「이 도로, 공사 중 ? 」「응, 여기서부터 앞은 막혀버린 것 같아.」

② 「어떤 사람이 이 활동을 하고 있습니까?」「대학생이 중심이 되어 하고 있습니다.」

③ 「의자는 어디에 놓을까요?」「방구석에 늘어놓아 주세요」

④ 휴일은 정면입구가 닫혀 있으니까 뒷문으로 들어가세요.

⑤ 이 방의 경우 도로에 면해있어서 자동차 소리가 걱정입니다.

UNIT 11

① 「이 서클은 어떤 활동을 하고 있습니까?」「한 달에 1 번, 국제교류 이벤트가 있습니다.」

② 「신문에 하야시 씨의 하이쿠가 소개되었었지요.」「네, 무척 좋은 작품이었습니다.」

③ 「서명 활동에 협력해 주시지 않겠습니까?」「좋아요.」

④ 「옷을 많이 가지고 있군요.」「멋을 부리는 것이 가장 큰 취미입니다.」

⑤ 삼촌은 이 부근의 절과 신사에 대해 잘 알고 있어서 볼런티어로 관광객에게 안내하고 있습니다.

UNIT 12

① 사립은 학비가 비싸니까 부모님은 국립이나 공립대학에 가기를 원하겠지요.

② 다음 주의 세미나 수업까지 조사 결과를 분석해 리포트를 제출하지 않으면 안 된다.

③ 「시험, 어땠어?」「전혀 못 봤어. 역시 실력이 부족한 느낌. 아마 불합격.」

④ 「매일 바쁩니까?」「네. 지금 대학원의 연구생입니다만, 밤에는 학원 강사를 하고 있어서.」

⑤ 「게시판에 나온 기업 내 연수 프로그램, 그것을 신청해 보려고 생각해.」「하지만, 교수님의 추천이 필요하지? 어느 선생님에게 부탁할 거야?」

UNIT 13

① 이번에 시작한 아르바이트는 조금 힘이 들지만, 시급이 좋습니다.

② 「모집광고를 보았습니다만, 응모하기 위해서는 어떻게 하면 됩니까?」「우선 면접을 보니까 그때 사진을 붙인 이력서를 가져오세요.」

③ 「경험자가 아니면 안 될까.」「아니, 괜찮은 것 같아. 여기에 경험은 묻지 않는다"라고 쓰여 있어.」

④ 또 무언가 모르는 것 등이 있으면 마음 편하게 문의하세요.

⑤ 「이 신문은 꽤 구인 정보가 실려 있지?」「응. 하지만, 별로 좋은 조건의 것은 없어.」

UNIT 14

① 종업원이 단지 8 명인 작은 회사이니까 사무실도 여기와 또 방 하나뿐입니다.

② 이 문제에 어떻게 대응할지 회사 방침이 아직 정해지지 않은 것 같습니다.

③ 갑작스러운 손님이어서 우선 내가 응대했습니다.

④ 항상 신세를 지는 아오키 씨의 부탁이어서 그 일을 맡기로 했습니다.

⑤ 「야마다 부장님은 계십니까?」「아니요, 야마다 부장님은 지금 자리에 안 계십니다.」

UNIT 15

① 모두 놀고 있는데 나만 성실하게 일을 하다니 바보 같다고 생각하지 않으세요?

② 「조금만 더 하면 합격이었는데 아깝군.」「응. 1 점 부족이었어.」

③ 이 프로그램이 있으면 매상 데이터를 간단하게 분석할 수가 있습니다.

④ 세상의 평가는 그렇게 높지 않은 것 같습니다만 나는 무척 재미있는 책이라고 생각했습니다.

⑤ 자세한 자료를 보고 나서 어떻게 할지 판단하고 싶습니다.

UNIT 16

① 「이상하네. 인터넷이 연결되지 않아.」「전원이 들어가 있지 않은 것 아니야?」

② 여행에서 찍은 사진을 보낼 테니까 메일 주소를 가르쳐 주지 않을래?

③ 「그 사람의 즐겨 찾기를 보니까 취미를 알 수 있어.」「듣고 보니 그렇네. 내 경우는 축구 관련 사이트만이야.」

④ 「다음 화면은 어떻게 하면 갈 수 있어?」「거기에 비밀번호를 넣는 거야.」

⑤ 아오키 씨로부터 메일이 오면 나에게도 전송해 주지 않을래?

UNIT 17

① 「하야시 씨 요즘 건강은 어떨까.」「응. 차츰 좋아지고 있대.」

② 「누구라도 이 일을 할 수 있습니까?」「아니요. 20 세 미만인 사람은 할 수 없습니다.」

③ 이 대학에서는 3000 명이 약간 못 되는 학생이 배우고 있다.

④ 겨울이 되면 감기에 걸리는 사람이 급증한다.

⑤ 다음 달 정치에 대한 앙케트 조사가 실시된다.

UNIT 18

① 「다나카 씨, 또 불평을 말했었어?」「그래. 매일 들으니까 지겨워.」

② 「연하장을 쓰는 대신에 메일로 신년 인사를 대신하는 사람이 늘고 있어.」「응. 하지만, 그런 것을 좋게 생각하지 않는 사람도 있지.」

③ 「아, 또 합격하지 못했어.」「그렇게 실망하지 말아. 다음에 열심히 하면 되잖아.」

④ 「이번은 담당이 아니어서 마음이 편하다.」「잘 되었네요. 저는 힘들어요.」

⑤ 가벼운 기분으로 일을 맡았는데 실제로 해보니 생각한 이상으로 힘들었어.

UNIT 19

① 일을 실수해서 풀이 죽어 있을 때 그녀가 위로해 주었습니다.

② 이해하지 못했지만, 부장님의 말씀하시는 것에는 따를 수밖에 없다.

③ 그는 지금 무척 사기가 충만해 있어서 약간 실수를 해도 너무 책망하지 말아 주세요.

④ 그녀는 신뢰할 수 있는 사람이어서 평소 자주 상담합니다.

⑤ 「무언가 차가운 것이라도 드시겠습니까?」「아니요, 괜찮습니다. 그렇게 신경 쓰지 말아주세요.」

UNIT 20

① 「무척 사람이 많은데 무슨 소동?」「무언가 사고가 있었던 모양이야.」

② 일이 일 단락 끝났으니까 점심을 먹고 올게.

③ 「죄송한데 열이 있어서 오늘은 조퇴해도 될까요?」「좋습니다. 조심하세요.」

④ 「하라 씨, 결혼한다는 것은 정말이니?」「어!? 벌써 그런 소문이 퍼졌니? 그것은 과장님이 멋대로 하는 말일 뿐이야.」

⑤ 「내일 약속 시간을 빠르게 해주지 않을래?」「좋아. 그럼 5 시면 돼?」

UNIT 21

① "하야시 씨, 오지 않는군요. 전화해 볼까요?" "뭐, 곧 오겠지요."

② "태풍이 가까워지고 있다는 것 같습니다." "네. 비도 한층 심해졌군요."

③ "옆집, 시끄럽네." "손님이 많이 온 것 같네."

④ "용돈, 벌써 떨어졌니?" "응, 어느 새인지 써 버렸다."

⑤ 시험 중에는 사전 등은 전혀 사용할 수가 없습니다.

UNIT 22

① 「처음 해외 출장이어서 여러 가지 불안합니다.」「하라 씨도 함께 가니까 괜찮아요.」

② 「이 동네는 작은데 훌륭한 시설이 있군요.」「네. 미술관도 있어요.」

③ 「하야시 씨, 내일까지 이 자료 준비해 줄래?」「알겠습니다.」

④ 〈모두 장난치거나 그 사람을 놀리거나 할 때〉
「너무 그를 놀리지 않는 게 좋아.」「그래. 진지한 사람이니까.」

⑤ 「연말에는 이벤트도 많고 분주하군.」「정말. 전혀 안정되지 않아.」

UNIT 23

① 「이 일은 어떤 내용 ? 」「단순한 일입니다. 금방 됩니다.」
② 「회의의 자료는 어떤 형식으로 만들면 됩니까?」「이것과 같은 형식으로 부탁합니다.」
③ 「이 기사로는 사고 원인은 모르겠군요.」「네. 중요한 부분이 쓰여 있지 않군요.」
④ 이 호텔은 서양식건축이지만 다다미방도 있는 것 같군.
⑤ 주문하신 상품은 후일에 자택까지 보내드리겠습니다.

UNIT 24

① "무언가 싫은 일이 있었니?" "알겠니? 나는 금방 얼굴에 나타나 버려."
② 그 셔츠, 가장 위의 단추는 잠그지 않는 편이 자연스러운 느낌이여 좋아.
③ "집에서 역까지 어느 정도 걸리니?" "요전에 쟀더니 20 분 정도였어."
④ "우리 팀은 오늘은 상태가 나쁘네." "응, 아까부터 공격을 당하기만 하네."
⑤ 어떤 기름때라도 금방 지워지는 것이 이 세제의 장점입니다.

UNIT 25

① 「미국은 어땠습니까 ? 」「좋았습니다. 이번은 10 년 만에 유학했을 때 호스트 페밀리와도 재회할 수 있었고.」
② 「조금 이 표현이 부자연스럽군요.」「그렇군요. 그럼 무언가 다른 말로 바꿉시다.」
③ 「2 박 3 일이면 관광명소를 둘러 볼뿐이구나.」「뭐 어쩔 수 없어.」
④ 「역 앞의 재개발은 어떻게 되었어?」「계획이 구체적이지 않다는 이유로 중지가 된 것 같아.」
⑤ 「내일부터 세일 품은 전품 반액이래 ! 」「자, 가지 않으면.」

UNIT 26

① 지금부터 점점 추워지니까 몸에는 아무쪼록 주의하세요.
② 「엽서 부쳤니?」「어, 미안 ! 깜빡 잊어버렸다.。지금부터 부치러 갔다 올게.」
③ 일부러 같이 가지고 해 주셨는데 죄송합니다만 그날은 공교롭게 예정이 들어 있습니다.
④ 「설탕을 넣으니 오히려 이상한 맛이 돼 버렸다.」「정말. 오히려 아무것도 넣지 않는 편이 좋았었겠다.」
⑤ 「혹시 아직 자료가 준비되지 않았어 ?」「방금 준비되었습니다. 체크를 부탁합니다.」

UNIT 27

① "모두 맛있어 보이니까 여기에 있는   것 하나씩 사서 돌아갈까." "그렇게 욕심을 내서 사도 전부는 먹을 수 없어."
② "이 이야기, 저 사람에게 말하지 않는 편이 좋아." "그렇군. 저 사람은 수다쟁이이니까."
③ "나는 손재주가 없으니까 야채 껍질을 깎는 것을 잘 못해요" "이것을 사용하면 간단하게 할 수 있어요."
④ 그는 정말로 진지해서 신뢰할 수 있는 사람입니다.
⑤ 나는 마음이 약해서 자기의 의견을 그다지 강하게 말할 수 없습니다.

UNIT 28

① "이것은 진귀한 벌레이군요." "네, 아프리카에밖에 없는 벌레이에요."
② "이것, 전부 체크하니!?" "응, 조금 귀찮았지만 실수를 줄이기 위해서는 어쩔 수가 없어."
③ "저 영화 어땠어?" "이야기가 엉망이어서 의미를 잘 몰랐어."
④ "유니크한 형태의 차구나." "이탈리아의 유명 디자이너가 디자인한 차래."
⑤ 그녀는 곤란할 때 항상 도와주기 때문에 정말 고마워."

UNIT 29

① "슬슬 뒤집지 않으면 타지 않을까?" "아직 괜찮아."
② "야마모토　씨, 보지 않았니 ? " "아까 복도에서 마주 지나쳤어."
③ "모기에게 물려 가렵다." "너무 긁지 않는　편이 좋아."
④ "중요한 서류가 발견되지 않아." " 자료 사이에 끼어 있지 않아?"
⑤ 정리해도 금방 아이가 흩트러버립니다."

UNIT 30

① 「저기, 컵의 물이 넘치고 있어 ! 」「어, 미안 ! 보지 않았어.」
② 무언가 부품이 빠져 있는 것 같아 잘 움직이지 않아.
③ 비로 일정이 밀려서 처음 예정보다도 1 주일 늦어졌습니다.
④ 쓸데없는 설명은 생략하고 중요한 것만 말하겠습니다.
⑤ 「이 가격에는 소비세가 포함되어 있습니까?」「네. 포함되어 있습니다.」

UNIT 31

① 나중에 이 바지를 다리미로 다려 두어 줄래?
② 제대로 지시해 주지 않으면, 무엇을 하면 좋은지 모른다.
③ 오늘 세탁했더니 셔츠 색이 빠져 다른 옷도 물들었다.
④ 「머리, 기르고 있니 ?」「아니, 자르러 갈 시간이 없을 뿐. 사실은 빨리 자르고 싶은데.」
⑤ 만 3 천원인가……조금 비싸군. 만 엔을 넘지 않으면 사겠는데.

UNIT 32

① 「일전에 빌려준 돈 돌려줄 수 있니 ?」「미안. 금요일에 월급이 들어오니까 그때까지 기다려.」
② 「우리 집은 가난해서 장학금을 받을 수 없었으면 대학에 갈 수가 없었다.」
③ 2 층 쪽이 해가 들어오니까 세탁물은 2 층에 말려 줄래?
④ 「토요일인데 회사에 갑니까?」「네. 하지만, 아무도 없어서 일은 잘됩니다.」
⑤ 이것, 선물이니까 가격표를 떼고 싸 주세요.

UNIT 33

① 「오늘 시험, 시간이 전혀 부족했다.」「나도. 마지막에 재점검할 예정이었지만 거의 못했어.」
② 형을 본받아 매일 아침 일찍 일어나기로 했습니다.
③ 문득 생각이 나서 오랜만에 그 가게에 가 보기로 했어.
④ 〈레스토랑에서〉「미안 ! 돈을 찾는 것 잊어버렸다.」「그럼, 여기는 내가 값을 대신 치러 둘게.」
⑤ 사회인데 사람의 이름을 잘 못 말했습니까? 그것은 큰 실수이군요.

UNIT 34

① 알기 쉽게 전달되도록 의식해서 말하고 있다고 생각합니다.。
② 멀리에서 오는 사람도 고려해 시작 시간을 늦추고 있습니다.
③ 지금부터 프린트를 배부하니까 우선 이름을 써 주세요.
④ 세미나식 수업에는 필기 용구와 시계를 지참해 주세요.
⑤ 저녁밥은 항상 집에서 먹습니다만, 가끔 외식하는 때도 있습니다.

UNIT 35

① 가벼운 감기여서 자면 금방 회복할 수 있습니다.

② 한눈에 구별하기 위해、내 것에는 실을 붙이고 있습니다.
③ 이 시험은 전국 2000 이상의 학교에서 실시된다고 합니다.
④ 주민의 반대 목소리가 강해졌습니다만, 공사는 계속한다고
합니다.
⑤ 컴퓨터로 데이터를 관리하기 때문에 지금 어느 상품이 어느
정도 있는지 금방 압니다.

UNIT 36

① 외국어나 스포츠 등 무언가 새로운 일에 도전해 보고 싶다.。
② 어떤 의견이라도 좋으니 여러분 자유롭게 말해 주세요.
③ 다나카 씨와 야마다 씨도 간다고 하니 참가자 리스트에 추가
해 두세요.
④ 소설이나 에세이 등 장르별로 분류해 책꽂이에 꽂아 두었습
니다.
⑤ 다나카 씨는 회사가 도산해 버려서 새 일을 찾지 않으면 안 된
다고 합니다.

UNIT 37

①「어느 쪽으로 할래？」「이쪽이 좋지만, 이것이라면 예산을 조
금 오버하네.」
② 새 소프트의 사용법, 이미 마스터했으니까 무엇이든 물어.
③ 이 책、500 페이지나 된다. 무척 볼륨이 있네.
④ 일은 바쁘고 상사에게는 혼나고. 매일 스트레스가 쌓인다.
⑤ 9 월 연휴에 어디에 갈지 지금 친구와 계획을 세우고 있는 중
입니다.

UNIT 38

① 매일 아침 통근 러시가 심해서 회사에 가는 것만으로 피곤해
집니다.
②「이 초콜릿, 잘 팔린다고?」「응, 최근에 광고에서 자주 봐.」
③ 이쪽 가방은 어떻습니까? 우리 가게 오리지널 디자인입니다.
④ 이 부근은 사무실 거리여서 점심시간은 어느 가게나 샐러리
맨으로 가득 차는 것 같아.
⑤「공원의 벚꽃이 예뻤어.」「그러고 보니 슬슬 벚꽃 구경 시즌이
네.」

UNIT 39

①「쭉 리드하고 있었는데 또 역전되었니？」「최근에 자주 있는
패턴이야.」
②「어제 강연회, 재미있었다.」「아마존의 자연보호가 테마였었
지？　나도 가고 싶었어.」
③ 이 나라에서는 지금 일본의 음식이 약간 붐으로 여러 가게의
신메뉴로 등장하고 있습니다.
④ 아직 모르는 것이 많아 베테랑에게 여러가지 가르쳐 받고 있
습니다.
⑤ 수업 중은 휴대폰이 울리지 않도록 진동 모드로 하고 있습니
다.

UNIT 40

①「어떻게 하지. 리포트 제출, 시간에 맞추지 못하겠어.」「선생
님에게 머리를 숙이고 기다려 달라고 하면 어때？」
②「다나카 씨, 요즘 기운이 없어 보이지 않아？ 무언가 있었
나?」「그래？ 기분 탓이지 않아?」
③「최근에 카페가 늘었군요.」「네. 거리를 걷고 있으면 자주 눈
에 띕니다.」
④「연말에는 어디에 여행하러 갈까.」「성급하네. 연말까지 아직
10 개월 이상 있는데.」
⑤ 충치를 그대로 두면 여러 병으로 발전하는 때도 있어서 가볍
게 봐서는 안 됩니다.

UNIT 41

①「무슨 일이야? 축 늘어져 있네.」「응, 어제 밤새워 일을 해서
피곤해서.」
②「또 일로 실수했어.」「그렇게 끙끙거리지 마라. 다음에 열심히
하면 되지 않아.」
③「왠지 마음이 들떠 있네.」「알겠니？　주말에 그와 처음으로
식사하러 가.」
④ 나는 휴대폰에 이런 반짝이는 장식을 다는 것은 별로 좋아하
지 않아.
⑤ 아이들이 여럿이서 떠드니까 집 안이 엉망이 되어 버렸어.

UNIT 42

① 어제 하야시 씨의 애인 사진을 잠깐 보여 줬어. 예쁜 사람이었
어.
② 조용한 객석을 앞에 두고 말하는 것은 무척 긴장됩니다.
③「거기에서 빨간 간판은 보이지 않습니까?」「아, 보였습니다
어렴풋이었습니다만」
（「얼마전 부터 눈앞이 흐릿해져서 잘 보이지 않아.」「피곤해
서 그런거 아니야? 좀 쉬는게 어때?」）
④「다음 주는 아버지 생일이네.」「응. 살짝 선물을 사자.」
⑤ 처음 신주쿠에 왔을 때 역의 출구를 몰라서 이리저리 헤맸습
니다.

UNIT 43

① 시급은 1000 엔입니다. 단 처음 2 주일은 800 엔입니다.
② 이 컴퓨터 소프트는 무척 편리하고 게다가 무료입니다.。
③「그런데 일전의 이야기는 어떻게 되었어？」「아직 아무것도
정해지지 않았어.」
④ 이번 일만으로도 바쁜데 게다가 다른 일도 있으면 곤란합니
다.
⑤ 여름 방학 여행, 교토에 갈래？ 그렇지 않으면 나고야로 할
래?

UNIT 44

① "모리 씨 또 감기로 쉬는구나" "괜찮을까? 요즘에 병에 자주
걸리는 것 같아."
② "이 마시던 쥬스 어떻게 할래? " "아, 버려도 되."
③ 10 년 만에 고등학교 친구를 만나 기뻐서 완전히 이야기에 열
중해 버렸다.
④ "왜 그렇게 땀 투성이이니? " "역에서부터 쭉 달려왔어"
（ 죄송합니다, 자꾸 질문만 드리게 되어서요. 사실은 이번이
처음이라서 조금 걱정되어서 말이죠.）
⑤ 그의 편지는 틀린 것 투성이어서 무엇이 무엇인지 모르겠다.

●模擬試験の答え

【第1回】

問題 1

1	1
2	3
3	4
4	1
5	4

問題 2

1	2
2	1
3	4
4	2
5	1
6	4
7	1

問題 3

1	1
2	1
3	1
4	2
5	4

問題 4

1	1
2	4
3	3
4	1
5	2

【第2回】

問題 1

1	2
2	3
3	1
4	4
5	3

問題 2

1	3
2	1
3	2
4	3
5	2
6	3
7	1

問題 3

1	2
2	4
3	3
4	1
5	4

問題 4

1	2
2	2
3	4
4	2
5	1

【第3回】

問題 1

1	2
2	1
3	4
4	3
5	3

問題 2

1	2
2	2
3	2
4	4
5	3
6	4
7	2

問題 3

1	4
2	1
3	2
4	4
5	1

問題 4

1	3
2	2
3	1
4	3
5	1